한글처럼 이해되는
영어 문법

자연의 섭리에 따라 한글처럼 앞에서부터 이해될 수 있도록
영혼의 등불을 안내자로 진리를 벗 삼아
흑암에서 빛의 세계로 인도할 지혜의 책

저자 박성진

창조와 지식

한글 영어 문법을 출판하게 된 이유

기존 영어 학습 방법인 거꾸로 번역 영어는 자연의 섭리를
어긴 어거지 엉터리 학습방법으로 많은 영어 학습자들로 하여금
영어 공부를 포기하게 만드는 말할 수 없을 정도로 폭력적인
접근법으로 많은 학습자들로 하여금 미리 주저앉게하는 있을 수
없는 방법으로 일찍이 생각하여 영어를 한글처럼 앞에서부터
읽고 쓰고 이해할 수 있을까 하는 집념하나로 지금까지 연구해서
오늘날 영어를 한글처럼 앞에서부터 이해할 수 있게 하는
학습법을 발견, 계발하여 이제 영어를 정말로 갈급하는 분들에게
전해주고 자 하오니 편안하고 쉬우면서도 이게 진짜 영어
공부법이구나 하는 것을 느끼면서 공부하셨으면 합니다.
이제 영어를 한글처럼 앞에서부터 번역하는 시대가 왔으므로
거기에 영어문법을 공부하시어 새로운 대한민국 창조와 각자 자기
자신의 크나큰 창조에 이바지 할 수 있게 되기를 바랍니다.
일제 시대의 잔재물인 거꾸로 해석 하는 영어공부법은 나라를
망치고 개인을 망치는 경국지악인 것을 통감하시고 영어를 한글처럼
자유롭게 사용하는 새로운 진정한 세대에 동참하시기를
간곡히 기원해 봅니다. 감사합니다.

[be동사]

be동사는 "있다" 또는 "존재하다"이고 다른 하나는 "상태이다"다.

He is in the park.

(그는 있다 그 내부 위치는 그 공원)

(그는 존재한다 그 내부 위치는 그 공원)

He is cute.(그는 상태이다 귀여운)

He is not in the park.

(그는 없다 그 내부위치는 그 공원)

(그는 존재하지 않는다 그 내부 위치는 그 공원)

He is not cute.(그는 아니다 귀여운)

be동사를 정리하면 is(있다) is not(없다), is(상태이다) is not(아니다)가 된다.

The ball is on the table.

(그 공은 있다 접촉해 있는 위치는 그 식탁)

(그 공은 존재한다 접촉해 있는 위치는 그 식탁)

The ball is not on the table.

(그 공은 없다 접촉해 있는 위치는 그 식탁)

(그 공은 존재하지 않는다 접촉해 있는 위치는 그 식탁)

He is not a student.

(그는 상태가 아니다 어떤 학생)

(그는 아니다 어떤 학생)

[영어와 한글의 차이]

 영어는 위치언어이고 한글은 토씨언어이다.
"나는 소녀를 만났다"를 영작하면 I met a girl.(0)➔I a girl met(X)
영어는 위치를 바꾸면 완전히 틀린 문장이 된다. 이에 반하여 한글은
위치를 마음대로 바꿔도 된다. "나는 만났다 소녀를"➔"만났다 소녀
를 나는" 따라서 영어는 단어의 위치가 매우 중요하다.
문장 내에서의 영어 단어는 명사, 형용사, 부사로 나뉜다.
단어가 두 개 이상인 것을 구라고 한다.
I am on the ground.에서 on the ground는 단어가 3개로서 be동사
am을 설명해주는 부사구가 된다. 부사구 전체를 하나의 부사로 보면
된다.
I want to eat the bread.(나는 원한다 그것은 먹는 것이다 그 빵을)
to eat은 want의 목적어이고 목적어이므로 to eat 전체가 명사구가
된다. 명사구 전체를 하나의 명사로 보면 된다.
Take the ball on the desk.(가져가라 그 공을 그 공이 접하고 있는
것은 책상이다)
on the desk는 2단어 이상이므로 구가 되고 the ball을 설명해주고
있으므로 형용사구가 된다. 이 형용사구도 형용사가 된다.
명사절, 형용사절, 부사절도 모두 그냥 통째로 명사, 형용사, 부사가
된다. 영어는 크게 명사, 형용사, 부사로 나눌 수 있다.

[목적어란]

1. 직접목적어

동사와 직접적으로 연결되어 있는 명사를 말한다. 여기서 직접적이란 직관적으로 토론의 여지없이 동사의 행위가 직접적으로 미치는 것을 말한다.

I eat lunch.(나는 먹는다 점심을)

I drink milk.(나는 마신다 우유를)

I entered the room.(나는 들어갔다 그 방에)

동사(eat, drink, entered)와 목적어(lunch, milk, the room)사이에는 동사의 행위가 바로 직접적으로 미치는 것임을 알 수가 있다.

동사의 행위가 직접 미치는 것이 직접 목적어인데 이에 반하여 동사의 행위가 전치사나 다른 문법 구조로 목적어에 영향을 미치는 것을 간접목적어라고 한다.

I know him.(나는 안다 그를)

내가 그를 안다고 할 때 그의 속속들이 내면을 알 수도 있고 단지 정치인의 이름을 아는 정도로 알 수도 있다.

속속들이 내면을 알 경우는 직접목적어라고 할 수 있다.

I know him.(나는 속속들이 알고 있다 그를)

I know of him.(나는 단지 그의 이름정도만 알고 있다)

그냥 정치인의 이름 정도 아는 것을 나타낼 때는 목적격 of를 쓴다. of him에서 him은 know의 간접목적어가 된다.

know동사가 직접적으로 him에게 영향을 미친 것이 아니라 전치사 of를 통해서 him에게 영향을 미쳤기 때문에 him은 know의 간접목적어가 된다.

I know about him.

(내가 알고 있다 자세히 관련되어 있는 것은 그다)
about him에서 him은 know의 간접목적어다.
know와 him의 관계를 about이 연결해주고 있다.
I know about him very well.
(난 알고 있다 자세히 관련되어 있는 것은 그다 매우 잘)
자세히 관련되어 알고 있으므로 about him과 very well이
잘 어울린다.
I know of him a little bit.
(난 알고 있다 단지 그의 이름정도만 약간)
of는 매우 조금만 알고 있는 것이므로 a little bit과 어울린다.
I know of him very well.(X)

2. 간접목적어

동사의 행위가 바로 직접적으로 미치는 것이 아니고 생각할 여지가
있거나 동사와 목적어의 관계가 좀 약하다고 할 때 간접목적어가
되며 이 경우 전치사를 동원해서 그 약해진 관계를 메꾸어 준다.
we could **hear** the clock ticking.
(우리는 들을 수 있었다 시계 틱틱하는 것을)
시계가 움직이는 "틱틱"소리를 직접 들었다는 뜻이다.
I was sad to **hear of** her father's passing.
(나는 슬펐다 왜냐하면 들었다 그녀 아버지가 돌아가셨다는 얘기를)
hear는 어떤 소리를 직접들을 때 동사의 행위가 직접 미친다고
할 수 있다. 어떤 소식을 들었다고 할 때는 그 소리를 직접
들은 것이 아니고 그 얘기를 들은 것이므로 hear과 그 소식사이에는
시간이나 공간 등의 제한이 있으므로 이는 간접적이 되므로
동사와 목적어 사이는 간접적인 관계가 된다. 따라서 동사와
목적어 사이에는 간접적인 관계를 나타내는 전치사가 와야 한다.

간접목적어를 나타내는 경우는 of를 주로 사용한다.

동사의 간접목적어로 사용되는 of의 번역은 "을/를"로 하면 된다.

감정형용사 + to 부정사는 보통 이유를 나타낸다.

이 때의 to부정사는 "무엇하기에"로 번역한다.

~ing의 주어는 소유격을 나타내며 이 때 소유격은 ~ing의 주어로 번역한다.

I entered into a business.

(나는 들어갔다 들어가서 만난 것은 한 사업이다)

들어갔다는 동사는 물리적으로 어떤 장소에 들어간다는 뜻으로

추상명사인 사업에 물리적으로 들어가는 것이 어색하므로

그 어색함을 없애줄 전치사into가 들어가게 된다.

I entered the room.

(나는 들어갔다 그 방에) 물리적으로 직접 시공간 제약없이

들어갔으므로 the room이 직접목적어가 된다.

[명사, 형용사, 부사의 위치]

영어의 품사는 크게 명사, 형용사, 부사로 나뉜다. 그 이외의 품사는 없다. 단어의 품사는 문장의 위치에 따라서 정해지며 그 단어의 품사가 이미 결정되어 있는 것은 아니다.

early의 품사는 무엇이냐고 물어보면 대부분의 학생은 부사라고 한다. 하지만 early는 문장의 위치에 따라서 형용사가 될 수도 있고 부사가 될 수도 있다.

early morning는 "이른 아침"이 되어 형용사이고 Get up **early**.는 "일찍"이 되어 부사가 된다.

the difference between **good** and evil(차이점 양쪽에 있는 것은 선과 악)에서 good은 전치사 between 뒤에 왔으므로 명사이다. **good** book(좋은 책)에서 good은 명사 앞에 있으므로 형용사가 된다. **good** fried chicken(잘 튀겨진 치킨)에서 good은 형용사 fried앞에 있으므로 부사가 된다.

Impossible is nothing.(불가능하다는 것은 아무것도 아니다)에서 Impossible은 주어자리에 있으므로 명사가 된다. 명사이므로 번역도 명사처럼 한다. 이렇게 단어의 품사는 문장내의 위치에 따라서 달라진다.

Bigger is **better**. (더 큰 것이 상태이다 더 좋은) bigger는 형용사가 아니라 명사이다. 주어자리에 있으므로 명사가 된다. 생긴 것은 형용사처럼 보이지만 문장의 위치에 따라서 명사도 될 수 있다. better는 보어자리에 있는데 명사가 될 수도 있고 형용사가 될 수도 있다.

명사로 번역되면 "더 좋은 것"이고 형용사로 번역되면 "더 좋다"가 되는데 위, 아래의 문맥에 맞게 번역하면 된다.

It's good enough.(그것은 충분히 충분하다) good이 형용사 앞에 있으므로 good의 품사는 부사이다.

문맥에 따라서 good이 형용사가 될 수 있다. 이 경우 enough은 good를 설명하는 부사가 된다.

(그것은 훌륭하다 어떻게 훌륭한 가 충분히)

1. 명사의 위치

명사는 주어, 목적어, 보어, 전치사의 목적어자리에만 갈 수 있다.

1)주어자리에 어떤 단어가 오면 그 단어는 명사가 된다.

I	met	a **girl**	at	the	**church**.
(주어)	(동사)	**(목적어)**	(전치사)	(형용사)	(전치사의 **목적어**)
(명사)		**(명사)**			**(명사)**

I는 주어 자리에 있으므로 명사이다. 단순한 단어인 I의 품사가 명사인지, 형용사인지,

부사인지는 알 수가 없다. 문장 내의 위치인 주어, 목적어, 보어, 전치사의 목적어 자리에 있을 때만 명사가 된다. 즉, I가 주어자리에 있으므로 그 품사가 명사가 되는 것이지 I의

품사가 원래 명사인 것은 아니다.

She	is	a	**student**.
(주어)	(동사)		**(보어)**
(명사)			**(명사)**

She는 주어 자리에 있으므로 명사이다. She가 대문자이고 대명사이므로 주어자리에 온 것이 아니라 주어자리에 왔기 때문에 명사가 된다.

That he is rich is certain.(그가 부자라는 것은 확실하다)에서 That he is rich라는 절이 주어자리에 있으므로 명사절이 된다. 명사절도 그 품사는 명사다.

2)목적어 자리에 어떤 단어가 오면 그 단어는 명사가 된다.

girl은 목적어 자리에 있으므로 명사이다. 단순한 단어인 girl의 품사가 명사인지, 형용사인지, 부사인지는 알 수가 없다.

I know **that he is rich.**

(나는 알고 있다 그것은 그가 부자라는 것이다)

접속사 that이 목적어 자리에 오면 "그것은"으로 번역한다.

that he is rich가 목적어 자리에 왔으므로 명사절이 된다.

품사는 명사이다.

3)보어 자리에 어떤 단어가 오면 그 단어는 명사 또는 형용사가 된다.

She	is	a **student.**
(주어)	(동사)	(보어)
(명사)		(명사)

student는 보어 자리에 있으므로 명사이다. 보어는 뒤에 자세히 설명되어 있으니 그냥 따라오면 된다.

보어자리에는 형용사와 명사만이 올 수 있다. student 앞에 부정관사 a가 있으므로 형용사와 부사는 아니다. 따라서 명사가 된다.

부정관사나 정관사는 형용사인데 부정관사와 정관사 뒤에 오는 단어는 명사가 된다. 왜냐하면 형용사 뒤에는 명사가 오기 때문이다.

특별한 경우를 제외하고는 전치사, 부정관사(a), 정관사(the) 뒤에는 반드시 명사만이 와야 한다.

4)전치사의 목적어 자리에 어떤 단어가 오면 그 단어는 명사가 된다.

I met a girl at the **church.**

전치사의 마지막에는 전치사의 목적어로 명사가 와야만 한다.

church는 전치사의 목적어 자리에 있으므로 명사이다.

단순한 단어인 church의 품사가 명사인지, 형용사인지, 부사인지는 알 수가 없다.

at the church에서 전치사 at의 마지막에 church가 왔으므로 church는 명사가 된다. 전치사 at의 마지막에 오는 단어의 품사는 명사가 되고 또한 전치사의 목적어가 된다.

The house is on the **river**.(그 집은 있다 그 접한 위치는 강이다) 에서 river의 원래 품사가 명사이기 때문에 전치사 on의 목적어가 된 것이 아니고 전치사 on의 뒤에 왔기 때문에 명사가 된다.

전치사의 목적어란 전치사의 맨 마지막에 오는 명사를 말한다.

I am satisfied with my **life**.(나는 만족 한다 관련된 것은 나의 삶)에서 life는 전치사 with의 목적어이므로 그 품사가 명사가 된다. life의 원래 품사가 명사이기 때문에 전치사 with의 목적어가 된 것이 아니고 전치사 with뒤에 왔기 때문에 명사가 된다.

2. 형용사의 위치

 명사를 앞에서 꾸며주거나 명사 뒤에서 명사의 상태를 설명해준다.

부정관사, 정관사, 소유격은 명사 앞에 위치하므로 형용사이다.

명사 앞에는 형용사만이 올 수 있다.

1)형용사가 명사 앞에서 꾸며주는 경우:

(1)일반적이고 객관적이다.

 객관적이라는 말은 누가 봐도 그렇다는 것이다.

  I met a pretty girl.

 (나는 만났다 예쁜 여자를)누가 봐도 예쁜 여자다

  I met a girl pretty. (나는 만났다 여자를 그 여자는 예쁘다)

  내가 생각하기에는 예쁜 여자이지만 다른 사람은 못생겼다고 할 가능성이 매우 높다. 형용사가 명사 뒤에 위치하면 그 명사를 설명하는 것이고 이 설명은 주관적이고 추측적이다.

 the **visible** star : 항상 볼 수 있는 별

 ▶객관적 해석으로 언제나 보인다. 객관적으로 배치함으로 작가의 강조를 나타낸다.

the star **visible**: 별이 보인다

▶주관적 해석으로 경우에 따라 별이 안 보일 수도 있다.

 There is a **big** house on the hill.

 (거기에 있다 어떤 큰 집이 그 접해있는 위치는 언덕)

 형용사 big이 명사 house앞에 있으므로 객관적인 해석이 되며 누가 봐도 큰 집이라는 뜻인데 객관적이라는 말은 그만큼 강조하는 말이 된다. 형용사가 명사 앞에 있으면 강조하는 말이 되는데 그 이유는 객관적이라고 말하는 것 자체가 강조하는 것이기 때문이다.

 There is a house **big** on the hill.

(거기에 있다 집이 근데 그 집은 크다 그 접해 있는 위치는 언덕)
형용사 big이 명사 뒤에 있으므로 주관적인 해석이 되면 주관적이라는 말은 보는 사람에 따라 크지 않을 수 있다. 주관적이라는 말은 의기소침하고 자신감 없는 상태를 말한다.
(2)이미 일어난 과거를 나타낸다.➡ 객관적이므로 이미 일어난 과거를 나타낸다. the invited guests:초대된 손님들 과거분사 pp도 명사 앞에 있으면 형용사가 된다.
(비교)the guests invited(손님들이 있는데 초대되었다) 형용사가 명사 뒤에 있으면 주관적이다. 주관적이란 말은 추측의 뜻이 있다. 손님들이 1층 로비에 여러 명 있는데 아마도 초대된 것 같다는 뜻이다.
 I have a delivered letter.(나는 가지고 있다 이미 배달된 편지를)
(비교)형용사가 명사 뒤에 위치하면 주관적인데 주관적이라는 말은 확실하지 않다는 말이고 확실하지 않다는 말은 또 다시 발생할 수 있다는 뜻이다.
Kimchi is a traditional Korean dish served with almost every meal.(김치는 전통한국음식인데 이 음식은 제공된다 함께 하는 대상은 거의 매일의 식사이다) 김치가 반복해서
제공된다는 뜻이다. I have a letter delivered.(나는 가지고 있다 편지를 이 편지는 반복적으로 배달된다)
impossible mission(불가능한 임무) 형용사가 명사 앞에 있으므로 객관적이라는 뜻이므로 누가 봐도 불가능한 임무를 말한다.
이 임무는 사람으로서는 도저히 할 수 없는 일이라는 것을 강조하고 있다.
(비교)mission impossible (임무가 있는데 불가능하다)
형용사가 명사 뒤에 있으므로 주관적이라는 뜻으로 사람에 따라서는

가능할 수도 있다는 뜻이다.

영화배우 탐 크루즈는 가능하다는 뜻이다.

2)형용사가 명사 뒤에서 명사를 설명해주는 경우

형용사가 명사 뒤에서 명사를 설명해주는데 이 때의 형용사에는 형용사, 준동사, 전명구, 절등이 포함된다.

어떤 동사의 행동이 있으면 그 행동에는 대상(목적어)이 있으며 대상(목적어)이 있으면 그 대상 (목적어)에 동사의 행동이 미쳐서 어떤 결과가 나타나게 된다. 명사 뒤에 나오는 형용사는 그 결과인 경우가 매우 많다. 즉, 명사 뒤에 형용사가 오면 그 명사를 설명해주는데 이 설명은 아무래도 주관적일 수밖에 없다.

한글은 동사 자체에 행동과 결과가 다 포함되는 반면에 영어는 동사 자체에 행동과 결과가 다 포함되는 경우는 매우 극히 적다. 결국 영어는 행동을 나타내는 단어와 그 결과를 나타내는 단어가 각각 존재하는 언어이다.

한글: 나는 책상을 치워놓았다.

➜치워 놓았으므로 깨끗하다는 뜻이다.

영어: 나는 치웠다 책상을 ➜영어에는 치워놓았다는 동사가 없다.

영어는 "치우다"와 "놓다"를 각각 별개로 취급한다. 즉, 치워서 깨끗해졌다는 뜻으로 동사의 행동과 결과가 별개임을 알 수 있다.

I cleared the desk up.(나는 치웠다 그 책상을 그 결과 완전히 됐다.) ➜책상을 치웠는데 그 결과가 up했다. up에는 "완전히"라는 뜻이 있다.

(1) 한 개의 형용사가 명사를 뒤에서 설명할 경우: 주관적인 설명

①주관적이므로 나만의 생각이다.

I met a girl pretty. (나는 만났다 여자를 그 여자는 예쁘다)

내가 생각하기에는 예쁜 여자이지만 다른 사람은 못생겼다고 할 가능성이 매우 높다.

Mission impossible(탐크루즈만이 가능한 임무) ➜ 주관적인 설명으로 내가 생각하기에는 그 임무는 불가능하다는 뜻이다. 비록, 내 생각에 불가능한 임무지만 나의 상상을 초월하는 사람이 있다면 그는 수행할 수 있다는 뜻이 된다. 예를 들면 한강 물속에 빠진 내 애인의 반지 꺼내오는 임무가 있을 경우 내 생각에는 못할 것 같지만 그건 어디까지나 내 생각이라는 뜻으로 내 생각을 뛰어넘는 누군가는 할 수도 있다는 뜻이다. 탐 크루즈만이 수행할 수 있는 임무라는 뜻이다.

 impossible mission(탐 크루즈도 불가능한 임무) ➜ 형용사가 명사 앞에 오면 객관적인 뜻을 나타내므로 인간이 전혀 할 수 없는 임무를 나타낸다. 예를 들면 타임머신타고 조선시대로 가서 세종대왕의 도장 받아오기 등이다.

②추측(미래)의 뜻이 있다.

  I have a letter delivered.

(나는 가지고 있다 한 개의 편지를 근데 이 편지는 배달될 것이다)

➜배달될 것이라고 추측(미래)하고 있다. ➜주관적인 설명이므로 불확실하면서도 추측의 뜻이 들어 있다.

(비교)I have a delivered letter.

(나는 가지고 있다 이미 배달된 편지를)

③특별한 명사 ➜주관적이다는 말은 특별하다는 말이다.

  the star visible: (그 별이 보인다.)

  star를 설명하는데 형용사가 명사 뒤에서 명사를 설명하면 기본적으로 주관적인 뜻이 들어 있다. 주관적이란 말에는 특별하다는 뜻도 포함되어 있다. 따라서 이 별은 항상 볼 수 있는 별이 아니라 특별한 때 (그 때 당시만)만 보이는 별이 된다.

(비교)the visible star ➡ 항상 보이는 별이다.

the guest invited: (그 손님은 초대되었다

➡특별히 초대된 손님을 말한다)

(비교) the invited guest(초대된 손님

➡초대된 일반적인 손님을 말한다)

④명사의 상태에는 두 가지가 있으며 형용사가 그 결과적인 상태를
나타낸다.

첫째는 명사가 동사의 동작을 받아서 그 결과 형용사로 어떤 상태를
나타내는 것과

둘째는 동사와 동시동작 상태를 형용사로 나타내는 것이다.

㉠명사가 동사의 동작을 받아서 그 결과 어떤 상태이다.

She was burnt dead. (그녀는 탔다 그 결과 **그녀의** 상태는 죽었
다) 그녀가 불타서(동사의 동작을 받아서) 그 결과 죽었다는 뜻이다.

(비교)She was burnt deadly.

(그녀는 불타버렸는데 그 불타 버리는 내내 비참하게 불타 버렸다)

The toys was set adrift.

(장난감들은 놓여 져서 그 결과 **장난감들은** 표류상태가 되었다)

장난감들이 놓여 져서(동사의 동작을 받아서) 그 결과 표류상태가
되었다.

She beated him black and blue.

(그녀는 때렸다 그를 그 결과 **그의** 상태는 멍들었다.)

그 남자가 맞아서(동사의 동작을 받아서) 그 결과 멍들었다.

㉡동사나 형용사와 동시동작의 상태

If you were born poor, it's not your mistake, but if you die
poor, it's your mistake.

(만일 **당신이 가난한 상태로** 태어났다면, 너의 잘못은 아니지만 **당신**

이 가난한 상태로 죽는다면 너의 잘못이다)

명사 you와 동사 were born이 동시동작 상태이다.

I caught the tiger alive.

(나는 호랑이를 잡았는데 그 호랑이 살아있는 상태였다.)

명사 the tiger와 형용사 alive가 동시동작 상태이다.

(2)한 개의 형용사와 그 형용사에 따르는 부속 단어들이 같이 올 경우는 명사 뒤에서 명사를 설명 해준다.

They built with sun-baked brick plastered with mud. (그들은 건설했다 이용한 것은 태양으로 구운 벽돌이었고 이 벽돌은 반죽되어 있었다 이용한 것은 진흙이다)

plastered는 "반죽되다"는 뜻이고 with는 "이용한 것은"의 뜻이다. plastered는 형용사로 brick를 설명해주고 있으며 with mud는 plastered를 설명해주는 부사다.

plastered가 단독으로 존재할 경우 명사 앞에 올 수 있지만 이렇게 with mud같은 부하를 데리고 있으면 명사 뒤에 위치해야 한다.

sun-baked brick에서 이렇게 명사와 pp가 하이픈(-)으로 연결되면 앞 명사는 pp의 주어가 되고 pp는 그냥 능동자동사로 번역하면 되는데 이러한 형태의 번역은 한글 번역이라고 생각하면 된다.

"태양이 구운 벽돌" 물론 형용사(pp)앞의 명사를 수동태의 주어로 번역해도 된다. "태양에 의해 구어진 벽돌"

pp앞의 명사는 pp의 재료로 번역될 수 있다. "태양으로 구워진 벽돌" 태양이 벽돌의 재료가 된다.

smoke-free bus stop(담배연기가 없는 버스 정거장)

한글 번역과 같다.

명사(smoke)와 형용사가 하이픈(-)으로 연결되면 앞 명사는 형용사의 주어가 되고 형용사는 그냥 형용사로 번역하면 한글 번역이 된다.

정리하면 pp가 명사 앞에 오면 형용사가 된다. 따라서 형용사 앞의 명사는 형용사의 주어, 재료, 수동태의 주어로 번역될 수 있다.
영어도 한글처럼 그냥 형용사 앞의 명사를 형용사의 주어로 번역하고 과거분사는 능동자동사로 번역하면 된다.
ucc(user created contents) 사용자가 만든 내용 created를 능동자동사로 번역했다.
ETF(Exchange Traded Fund) 거래소가 중개하는 펀드 traded를 능동자동사로 번역했다.

3. 부사의 위치

➜문장, 동사, 형용사, 부사, 문장의 앞에서 꾸며주거나 뒤에서 설명해준다.

1)동사 앞이나 뒤에 부사가 위치하는 경우

(1)부사가 동사 앞에 오는 경우: 객관적이고 일반적이다.

He fast runs. (그는 빠르게 달린다)

➜그는 달리기만 하면 언제나 빨리 달린다는 뜻

부사는 동사의 처음부터 끝까지 동사의 상태를 설명해준다.

(2)부사가 동사 뒤에 오는 경우:

①주관적이고 특수한 경우이다. 화자의 개인적인 생각을 나타낸다.

He runs fast.(그는 달린다 근데 빠르다)

➜그의 달리기 실력이 좋은지 나쁜지는 알 수 없지만 내가 생각하기에는 빠르다는 뜻이다.

또는 그의 평상시의 달리기 실력은 보통인데 지금만은 빠르다는 뜻으로 특수한 상황임을 나타낸다.

②주관적이라는 말은 감정을 느끼는 것을 말한다.

He runs fast.(그는 달린다 오~~~ 빠르다) ➜감정을 나타낸다.

③주관적이라는 말은 추측을 나타낸다.

He runs fast.(그는 달린다 근데 빠를거야) ➜과거의 정보를 바탕으로 지금(현재시제)도 빠를것이라는 추측을 나타낸다.

④주관적이라는 말은 예측을 나타낸다.

He runs fast.(그는 달린다 근데 달리기만 하면 빠를거야)➜과거와 현재의 정보를 바탕으로 미래에도 빠를 거라는 예측이 들어있다.

⑤동사의 결과를 나타낸다. 일반적으로는 동사+ 목적어+ 부사에서 부사는 동사의 결과를 나타낸다.

Write them down.(적어라 그것들을 그 결과 기록되도록)

⑥부사가 동사의 처음과 끝을 설명한다.

He returned safely.(그는 돌아왔다 안전하게)

그가 멀리서부터 돌아오는데 돌아오는 내내 안전하게

돌아왔다.

The window opens easily.(그 창문은 열린다 쉽게)

그 창문은 동작의 처음부터 끝까지 쉽게 열린다는 뜻이다.

My robot works perfectly.(나의 로봇은 작동한다 완벽하게)

로봇이 작동하는데 전체적으로 동작이 완벽하다는 뜻이다.

(참고)2형식에서의 형용사는 동사의 결과를 나타낸다.

He returned alive.(그는 돌아왔는데 생존한 상태다)

returned를 손가락으로 가리고He와 alive를 마음속으로 문장을

만들어 보아 논리적이면 이 문장은 2형식이고 alive는 주어He를

설명하는 형용사이면서 보어가 된다.

 The window opened safe for the children.

(그 창문은 열려져 있다 그 결과 안전한 여기에 적합한 것은

그 애들) opened를 손가락으로 가리고 The window와 safe를

마음속으로 문장을 만들어 보다 논리적이면 이 문장은 2형식이고

safe는 The window를 설명하는 형용사가 된다.

 My robot worked dead.(나의 로봇이 작동했다 죽은 상태로)

나의 로봇의 작동이 끝난 후에 죽었다는 뜻으로 동작 후

고장 났다는 뜻이다.

(정리)형용사이든 부사이든 앞에서 꾸며주면 객관적이고 일반적이며

이미 일어난 사실을 나타내거나 과거부터 지금까지 계속해서 일어나

고 있는 것을 나타낸다.

뒤에서 설명해주면 주관적이고 특정적이며 감정을 나타내고 추측을

나타내며 앞으로 일어날 것을 추측한다.

2)형용사의 앞이나 뒤에 부사가 위치하는 경우

(1)부사가 형용사 앞에 오는 경우: 객관적이고 일반적이다.

He is very cute.(그는 상태이다 매우 귀여운)

➜ 누가 봐도 매우 귀엽다는 뜻이다.

The girl is three years senior.

(그녀는 상태이다 세 살 많은 연장자이다)

➜three years가 형용사 senior를 앞에서 꾸며주므로 부사이다.

명사처럼 생겨도 형용사 앞에 있으면 부사가 된다.

Even a child can pass the test.

(심지어 어떤 어린이라도 통과할 수 있다 그 시험을)

부사 Even이 형용사인 부정관사 a를 앞에서 꾸며주고 있다.

They sell good fried chickens.

(그들은 팔고 있다 잘 튀겨진 치킨들을)➜good이 형용사인 fried앞에
위치하므로 good은 부사가 된다. fried는 명사 chickens을 앞에서
꾸며주고 있으므로 형용사이다.

[수능기출문제]

Note that copyright covers the expression of an idea
and **not** the idea itself.

(주목해라 저작권이 커버 한다 모든 표현을 이 표현은 어떤
아이디어를 나타 낸다 그리고 커버하지는 않는다 그 생각자체를)

"the+ 명사"가 있고 그 뒤에 그 명사를 설명하는 구가 있으면

그 명사 전체를 나타낸다. 생각의 표현 전부를 커버한다는 뜻이다.

not이 형용사 the앞에 와서 부사역할을 한다. 부사not이 형용사
the앞에 올 수 있다.

이 문장은 and does not cover the idea itself에서 does와
cover가 생략된 것이 아니라 원래 부사(not)가 형용사(the)앞에

온 것에 불과하다.

(2)부사가 형용사 뒤에 오는 경우:

주관적이다. 화자의 개인적인 생각을 나타낸다.

①형용사 뒤에 부사가 한 개만 오는 경우

He is cute pretty.(그는 상태이다 귀엽다 매우)➡내가 보기에 그는 매우 귀엽지만 다른 사람이 보면 어떨지는 잘 모르겠다는 뜻이다. very는 형용사 뒤에서 형용사를 설명할 수 없다. 왜냐하면 very는 진리와 어원이 같은데 진리는 항상 객관적이므로 항상 앞에만 와야 한다.

②형용사 뒤에 부사와 그와 동반된 단어들이 따라오는 경우는 뒤에서 설명해준다.

The girl is smart enough to ignore me.(그녀는 상태이다 똑똑한 충분히 나를 무시할 정도) enough이 smart를 설명해주고 있고 to ignore me가 부사 enough를 설명해주고 있다.

to ignore me가 enough의 부하이므로 enough이 형용사 smart를 설명해주려면 smart뒤에 enough to ignore me형태로 와야 한다.

3)부사가 문장 앞이나 뒤에 위치하는 경우

(1)부사가 문장 앞에 위치하는 경우

➡부사가 문장 앞에 위치하므로 객관적인 설명이다.

Quietly the girl opened the door.(조용히 그녀는 열었다 문을)➡ 객관적으로 조용히 열었다는 뜻이다. 객관적이라는 말은 누가 봐도 그렇다는 뜻이므로 누가 봐도 조용히 열었다는 뜻이다.

Luckly, I passed the test.(운 좋게도, 나는 통과했다 그 시험을) 누가 봐도 운이 좋았다는 뜻이다.

(2)부사가 문장 뒤에 위치하는 경우

➡화자의 주관적 생각을 나타낸다.

The girl opened the door quietly.

(그녀는 열었다 문을 내가 생각하기에는 조용히)

He finished the work luckly.

(그는 끝냈다 그 일을 내가 생각하기에는 운 좋게도)

4)부사가 부사의 앞이나 뒤에 위치한다.

(1)부사가 부사 앞에 위치하는 경우

➔앞의 부사가 뒤의 부사를 꾸며준다.

 The girl runs **very** fast.

 부사**very**가 부사fast를 앞에서 꾸며준다.

 He has studied English the oldest continuously.

(그는 공부해오고 있는 중이다 영어를 가장 오래도록 계속해서)

 ➔부사the oldest가 부사 continuously를 앞에서 꾸며주고 있다.

 the가 부사가 될 수 있다. 여기서는 the가 부사 oldest를 꾸며주는 부사가 된다.

(2)부사가 부사 뒤에 위치하는 경우

➔앞의 부사를 뒤의 부사가 설명해주고 있다.

I can run fast a little bit. (나는 달릴 수 있다 빨리 약간)

➔a little bit이 fast를 뒤에서 설명해주고 있다. 빠르긴 빠른데 어느 정도 빠르냐? 약간 빠르다

5)부사를 부정하는 방법

He is studying English not two meters away.(그는 공부하고 있는 중이다 영어를 아니다 2미터 떨어진 곳이)➔away는 "멀리" 또는 "떨어진"의 뜻이고 two meters away는 부사로 "2미터 떨어진 곳에서"의 뜻이다.

부정어를 부사 앞에 놓으면 부사가 부정된다. not two meters away는 "2미터 떨어지지 않은 곳에서"란 뜻이 된다.

6)형용사와 부사의 비교

 부사는 일정기간 내내 항상 그렇다는 뜻인데 반하여 형용사는 결과를 나타낸다.

 He came back safely.(그는 돌아왔다 안전하게) 돌아오는 내내 안전하게 돌아왔다는 뜻이다.

 He came back safe.(그는 돌아왔다 돌아온 상태는 안전했다) 돌아오는 동안 내내 위험하게 왔는지 안전하게 왔는지는 모르지만 어쨌든 돌아온 결과적인 상태는 안전했다.

[단어의 품사는 문장의 위치에 따라서 변한다]

단어는 문장내의 위치에 따라서 품사가 바뀐다. 즉, 단어는 명사든 형용사든 부사든지 간에 정해진 품사는 없다. 문장내의 위치에 따라서 품사가 바뀔 뿐이다. 물론 완전히 명사나 형용사나 부사로 굳어진 경우도 있지만 원칙상 품사는 변할 수 있다.

Our city has only one fire station.

  ①   ②   ③   ④   ⑤

①Our: 명사city앞에 있으므로 형용사이다. 소유격은 항상 형용사다.

②city: 주어자리에 있으므로 명사이다. city가 부사가 될 수 도 있다.

Let's go that city. that city가 하나의 단어로 쓰여 부사가 된다. "그 도시로 가자" 두 단어가 이렇게 한 단어로 쓰이는 경우도 있다.

③only: 형용사 one앞에 있으므로 부사이다. 부사일 때 번역은 "겨우","단지" only가 명사 앞에 오면 형용사가 된다. She is an only daughter.그녀는 외동딸이다. 형용사일 때 번역은 "유일한"이다.

④one: 명사 fire station앞에 있으므로 형용사이다.

"한 개의"의 뜻이다.

 He is number one. (그는 넘버원이다.) 여기서 one은 명사이다.

⑤fire station: 목적어로 명사이다. 두 단어가 하나의 단어로 쓰이는 경우이다.

(연습)

(1)In the early 1990s Norway introduced a carbon tax.(탄소세)

In the early 1990s➜ early가 명사 1990s앞에 있으므로 early는 명사 1990s를 꾸며주는 형용사다. early의 품사가 형용사이기 때문에 명사 1990s앞에 온 것이 아니고 명사 1990s앞에 왔기 때문에 early는 형용사가 된 것이다.

I get up early. early가 부사이기 때문에 동사 get을 설명해주는 것이 아니고 동사 get뒤에서 get을 논리적으로 설명해주고 있으므로 부사가 되는 것이다.

(2)It's good hard work. (그것은 상태이다 굉장히 힘든 일)

hard가 명사 work앞에 있으므로 형용사이고 good이 형용사 hard 앞에 있으므로 부사가 된다. He is a good boy.(그는 착한 소년이다)→good이 명사 앞에 있으므로 형용사이다.

품사가 바뀌면 당연히 뜻도 변하게 된다.

a good fried chicken(잘 튀겨진 통닭) fried는 명사 앞에서 명사 chicken을 꾸며주고 있으므로 형용사가 된다. good는 형용사 fried 을 앞에서 꾸며주고 있으므로 부사가 된다. "잘"이란 뜻으로 바뀐다. 여기서 good는 형용사가 절대 아니다. good이 형용사가 되려면 good다음에 comma나 and가 와야 한다. 즉, a good, fried chicken(훌륭한, 튀겨진 통닭)→논리상 맞지 않다.

a good and fried chicken(훌륭하면서도 게다가 튀겨진 통닭)→논리상 맞지 않다. 결국 good은 부사가 될 수밖에 없다.

They were really villages.(그들은 였다 실제적인 마을들이었다)

really가 명사 villages앞에 왔으므로 형용사이다.

It's really good.(그것은 정말로 좋다)에서 really는 부사이다.

(3)I didn't sleep a wink last night. (나는 못 잤다 한 숨도 지난 밤에) a wink는 동사 sleep를 설명해주므로 부사이다. a wink는 두 단어로 이루어진 부사가 된다. a wink가 생긴 것은 명사 같지만 동사를 설명하고 있으므로 부사가 된다. last night 역시 sleep를 설명해주므로 부사가 된다.

(4)He was dead wrong. (그는 상태였다 매우 몹시 잘못된.)

dead는 형용사로만 알고 있는데 위치에 따라서 얼마든지 부사가 될 수 있다. 여기서 dead는 형용사 wrong을 꾸며주므로 부사가 된다. 그 뜻은 "죽을 정도로 잘못했다는" 뜻이 된다.

(5)Not all children of successful people become successful.
Not이 형용사 all앞에 있으므로 부사가 돼서 all을 부정한다. not all의 뜻은 (아니다 모든 것이)란 뜻이므로 일부분만을 말한다. 모든 것이 아니란 뜻은 일부분을 말하는 것이다.
not all="일부분"으로 번역한다. of는 "소속"를 말한다.
"일부분의 어린이들 이 어린이들의 소속은 성공한 사람들인데 이 일부분의 어린이들이 된다 성공적으로"
(비교)전체부정: He is not poor. (그는 상태가 아니다 가난한)
=He is always not poor.(그는 항상 아니다 가난한 것이)
부분부정: He is not always poor. (그는 항상 가난하지는 않다)
not이 always를 부정하므로 부분부정이 된다. 평상시에는 부자였다가 가끔 가난하다는 뜻이다.

(6)The knowledge is often viewed **as unnecessary.**(지식은 상태이다 자주 간주 된다 그것은 불필요한 것으로) 전치사 뒤에는 항상 명사가 와야 한다. 전치사 as뒤에 unnecessary가 왔으므로 unnecessary가 명사가 된다.
Impossible is nothing. impossible이 주어 자리에 왔으므로 명사가 된다. (불가능하다는 것은 상태이다 아무것도 아닌 것)
Bigger is better. (더 큰 것이 상태이다 더 좋은) bigger는 형용사가 아니라 명사이다. 주어자리에 있으므로 명사가 된다. 생긴 것은 형용사이지만 문장의 위치에 따라서 명사도 될 수 있다. better는 보어자리에 있는데 명사가 될 수도 있고 형용사가 될 수도 있다. 명사(더 좋은 것), 형용사(더 좋다) 문맥에 맞게 번역하면 된다.

We should calculate **what** concentration of greenhouse gases. (우린 당연히 계산해야만 한다 어떤 농도를 근데 이 농도와 직접 관련된 것은 온실가스) what이 concentration을 꾸며주므로 형용사이다. of는 "직접 관련된 것은"이다.

(7)The graph **above** shows the Canadian volunteer rates.(이 그 래프는 위에 있는데 이 그래프가 보여주는 것은 캐내다 자원자 비율이다) above를 전치사로만 알고 있는 사람이 많은데 이 단어 역시 위치에 따라서 품사가 바뀌는 것을 알 수 있다.여기서 above는 명사 The graph를 설명해주는 형용사다.

They were acting on instructions from **above**.(그들은 움직이는 중 이었다 의지하는 것은 지시였고 그 지시의 출처는 상부이다) above는 전치사의 목적어로 명사이다.

See **above** (보아라 위쪽을)above가 see의 목적어 자리에 왔으므로 명사가 된다.

Write it to us at the **above** address. (보내라 그것을 보내서 만나 는 대상은 우리 정확한 위치는 위의 주소다) above는 명사 address 를 앞에서 꾸며주고 있으므로 형용사다.

The bridge is two miles **above**.(그 다리는 있다 2마일 위에) two miles는 생긴 것은 명사처럼 보이지만 above앞에 있으므로 명사는 아니다. 번역 상 above가 부사로 번역되므로 two miles는 부사 above를 꾸며주는 부사다. above는 번역 상 is를 설명해주므로 부사다.

It is not a human.(그것은 아니다 인간이) not이 is를 부정하고 있으므로 부사가 된다.

Not me.(내가 아니야) Not이 명사 me앞에 있으므로 형용사가 된다.

She believed that human nature is **pretty much the** same the whole world over.

(그녀가 믿고 있는 것은 인간성은 꽤나 많이 진짜로 똑같다는 것이다 전 세계에 걸쳐서)

3형식에서 that은 번역안하고 번역은 "주어가 동사하는 것은"으로 번역한다. **pretty**가 **much**를 꾸며주는 부사이고 **pretty much**는 **the**를 꾸며주는 부사이고 **the는** same을 꾸며주는 부사이다. same은 형용사다. the whole world 는 "전 세계에"란 뜻으로 over를 꾸며 주는 부사이고 over는 "걸쳐서"란 뜻의 부사이다. 부정관사나 정관사 앞에 형용사가 오면 안 된다. 왜냐하면 부정관사 또는 정관사는 문장의 위치 상 형용사 앞에 와야 하기 때문이다.

same the whole world over에서 the앞에 형용사 same이 왔으므로 same과 the는 별개임을 알 수 있다. 따라서 the whole world over 는 same의 꾸밈을 받는 단어가 아니다.

"꽤나 많이 진짜로 똑같다"

the가 형용사 same앞에 왔으므로 부사로 번역해준다.

the의 뜻은" 진짜로"의 뜻이다.

(8)**That** is mine.➡**That**은 명사

  That car is mine. ➡**That**은 형용사

 He runs **that** fast. ➡그는 달린다 그렇게나 빨리➡**that**이 부사 fast를 앞에서 꾸며주고 있으므로 **that**은 부사다.

(9)Let's Korail. ➡Korail이 동사 자리에 있으므로 동사가 된다. Korail의 품사가 무엇이냐고 물어보면 대부분의 사람들은 명사라고 할 것이지만 Korail조차도 문장의 위치에 따라서는 동사가 될 수 있다. 번역은 Korail의 이미지를 생각하면 된다. 그 이미지는 곧게 죽죽 거칠 것 없이 빠르게 나아가는 것이므로 그 번역은 아마도 "힘차게 주~욱 나가자"가 될 것이다.

I seoul you. →seoul이 동사 자리에 있으므로 seoul이 동사가 된다.
Seoul의 이미지는 무엇일까?? 따뜻하게 상대방을 감싼다고 할 때
아마도 welcome보다는 더 인정 넘치는 뜻이 될 것이다. 번역은
"나는 따뜻하게 맞이 한다 너를"이 된다.
(10)So powerful was his effect on his audience.
(너무 강력한 것은 상태였다 그가 충격을 주어서 그 충격의 접촉위치
는 그의 청중) 우리가 익히 알고 있는 형용사가 주어 자리에 오면
그냥 명사로 번역하면 된다.
So powerful은 명사가 된다. 이렇게 형용사의 뜻을 갖고 있는 명사
를 명사형용사라고 하는데 명사형용사라는 말은 비록 명사이지만
형   용사에서 나온 명사이므로 형용사의 뜻을 가미해서 명사로
번역하라는 뜻이다.
=His effect on his audience was so powerful.
(11)수동태가 도치되면 pp가 주어 자리에 가는데 pp가 주어자리에
가면 pp는 명사로 번역된다.
Enclosed are our official forms.(동봉되어 있는 것들이 상태이다
우리의 공식 양식) Enclosed는 명사이다.
이 문장을 굳이 도치전의 문장으로 바꾸는 연습을 할 필요가 전혀
없다. 왜냐하면 영어권 사람들은 pp를 명사로 생각하기 때문이다.
=Our official forms are enclosed. 이렇게 문장을 바꾸게 되면
이제 enclosed는 수동태의 동사가 된다.
They were really villages

[전명구]

전명구=전치사+ 명사를 전명구라고 한다. 전명구는 명사의 위치에 있으면 명사, 형용사의 위치에 있으면 형용사, 부사의 위치에 있으면 부사가 된다. 전치사 뒤에는 반드시 맨 끝에 명사가 온다.

전명구 전체를 하나의 품사 즉, 명사, 형용사, 부사로 본다.

1. 문장의 위치에 따라서 전명구는 명사, 형용사, 부사가 된다.

1) 전명구가 명사로 쓰이는 경우

전명구가 주어, 목적어, 보어, 전치사의 목적어 자리에 있으면 명사가 된다. 명사가 되면 명사로 번역해주면 된다.

①전명구가 주어로 쓰인 경우

In the bathtub is dirty.

(내부 장소는 욕조인데 그 내부 장소는 더럽다)

In the bathtub가 주어 자리에 있으므로 명사가 된다. 주어이면서 명사이므로 주어로 번역한다. 주어의 번역은 은/는, 이, 가 이다.

It is dirty in the bathtub.(가주어, 진주어) 전명구가

진주어 자리에 있으면 명사로 번역하면 된다. 가주어 진주어 구문에서 it은 반드시 번역해야 한다. "그것은"으로 번역한 후 "그것은"에 해당하는 것을 뒤에서 찾으면 된다. (그것은 더럽다 더러운 그것의 내부 장소는 욕조이다) it=in the bathtub

About 30% of students fail to swim across the river.

(약 30%의 학생들이 실패 한다 수영하는 것에 가로지르는 것은 그 강) about 30%가 명사이고 of students가 about 30%를 설명하는 형용사가 된다.

②전명구가 목적어로 쓰인 경우

Let's look in the box. (자 보자 내부 장소는 박스이다)

in the box가 look의 목적어 자리에 있으므로 명사가 된다.

목적어이면서 명사이므로 목적어로 번역한다.

I want to learn about this business.

(내가 원하는 것은 배우는 것이고 자세히 관련 있는 것은 이 사업)

about this business가 learn의 목적어이므로 about this business 를 want의 목적어로 번역한다. about은

"자세히 관련 있는"의 뜻이다.

Don't wander about in times.

(헤매지 마라 이곳저곳을 그 때는 여러 시간대이다)

about가 wander의 목적어 자리에 있으므로 목적어로 번역될 수 있다, about이 목적어로 쓰이면 "이곳저곳"이란 명사가 된다. in은 "그 때는"의 뜻이다.

in times는 wander를 설명해주는 부사이다.

"그 때는 여러 시간대"이다.

The cat came from under the tree.

(그 고양이는 왔다 출발점은 아래인데 아래의 기준은 나무)

under the tree는 전명구로서 from의 목적어이므로 명사가 된다.

③전명구가 보어로 쓰인 경우

추상명사가 주어로 쓰인 경우 전명구가 보어자리에 쓰여 명사로 번역될 수 있다.

보어자리에는 명사나 형용사만이 올 수 있다. 보어자리에 전명구가 오면 명사로 번역될 수도 있고 형용사로 번역될 수도 있다.

The knowledge is often viewed **as unnecessary.**

(이 지식은 종종 보여진다 정확히는 불필요한 것으로)

as unnecessary가 명사 The knowledge를 설명해준다. 이렇게

동사 뒤에서 주어(명사)를 설명하는 것을 보어라고 한다. be동사 뒤에 있는 명사나 형용사만이 보어가 되는 것이 아니고 일반 동사 뒤에서 주어나 목적어를 설명하면 보어가 된다.

as unnecessary는 전명구로서 명사가 된다. as는 전치사이고 unnecessary는 전치사의 목적어로 쓰였으므로 명사이다. as는"정확한 그것은"=(정확히)로 번역.

④전명구가 전치사의 목적어로 쓰인 경우

The cat came **from under the tree**.

(그 고양이는 왔다 시작점은 아래인데 아래의 기준은 나무) under the tree가 from의 목적어이므로 명사가 된다. 명사이므로 명사로 번역한다.

How about meeting **at about 7:00**?(어때 만나는 것이 정확한 시간은 약 7시쯤에) about 7:00가 at의 목적어로서 명사가 된다.

The postoffice is **in between the bank and the fire station**. (우체국이 있다 그 우체국의 내부 위치는 좌우에 있는 은행과 소방서 이다) between the bank and the fire station은 전치사 in의 목적어로서 명사이다.

in의 번역은 "그 위치는"이 된다. between은 "양편에 있는 것은" 으로 번역한다.

2) 전명구가 형용사로 쓰이는 경우

전명구가 명사 앞에 오거나 명사 뒤에 오면 형용사가 돼서 명사를 꾸며주거나 설명해준다.

형용사가 명사 앞에 있으면 명사를 꾸며주는데 꾸며준다는 말은 객관적인 상황을 말하는 것이고 형용사가 명사 뒤에서 명사를 설명한 다는 말은 주관적인 설명을 말하는 것이다.

①전명구가 명사를 앞에서 꾸며준다.

Exercise for at least 30 minutes.(운동을 해라 그 기간은 최소 30 분) 전명구 at least(최소한)가 명사 30 minutes를 앞에서 꾸며준다. 전명구 at least가 명사 30 minutes앞에서 꾸며주므로 형용사가 된 다.

30 minutes가 전치사 for의 목적어가 된다. "최소한"이라는 말은 객 관적으로 운동의 효과를 보려면 최소한 30분은 해야 한다는 뜻인데 만일 at least가 문장의 끝에서 쓰였다면 그 번역은 "아마도 운동의 효과를 보려면 30분 정도는 해야할 것 같아요"라는 뜻이 된다.

a piece of wood에서 a piece of는 wood를 꾸며주는 형용사구가 아니다. of를 여기에서 재료로 번역하면 "어떤 조각이 있는데 그 조각의 재료는 나무"라는 뜻이다.

A piece of wood is here.에서 동사 is의 주어는 A piece이지 wood가 아니다. 뒤에서 설명을 하겠지만 of앞에 수학과 관련된 단어 가 오면 그냥 앞에서부터 번역하면 자연스런 번역이 된다.

a piece of wood를 "한 조각의 나무"로 번역할 수 있다.

Between 300 and 500 old houses are in the new town.
(양쪽에 있는 300과 500 사이의 구옥들이 있다 들어가 있는 위치는 뉴타운이다)

②명사 뒤에서 명사를 설명한다.

Take the notebook on the table.
(가져가라 그 노트를 그 위치는 테이블이다)

notebook을 가져가긴 가는데 notebook은 어떤 notebook인가? 책상위에 있는 notebook이므로 on the table은 notebook을 설명해 주는 형용사가 된다. on은 "그 위치는"으로 번역한다.

(caution) 전명구가 형용사인지 부사인지 판별하는 법

전명구를 형용사로 번역해보고 부사로도 번역해봐서 어법적으로

더 적합한 것을 선택한다.

on the table을 부사로 번역하면 "테이블 위에서 책을 가져가라" 뭔가 좀 어색하므로 부사가 안 된다. on the table을 형용사로 번역하면 "테이블 위에 있는 책을 가져가라"가 되므로 자연스러운 번역이 된다. 그래서 on the table이 형용사가 된다

3) 전명구가 부사로 쓰이는 경우

(1)전명구가 동사, 형용사, 부사 앞에서 꾸며준다.

(전명구가 형용사 앞에서 꾸며주는 경우) (수능 2013년 32번)

Since this new breaststroke was **about 15%** faster, people using the conventional version couldn't effectively compete. (원인은 이렇게 새로운 평형법이 상태였다 약 15%

더 빨랐기 때문에, 사람들 근데 이 사람들은 전통적인 형태를 이용했다 이 사람들은 할 수 없었다 효과적으로 경쟁하는 것이)➜about **15%**는 전명구로서 형용사인 faster를 앞에서 꾸며주는 부사이다.

because는 상대방이 모르는 **이유**를 나타낼 때 쓰는 단어이고 since는 원인과 결과에서 **원인**을 나타낼 때 쓰는 단어이다.

원인과 이유는 다르다. 원인은 객관적인 사실을 나타내고 이유는 주관적인 생각을 나타낸다.

예문: 학교가 방학을 일찍 시작한 **원인**은 독감이 유행했기 때문이고 독감이 유행한 **이유**는 국민들의 면역력 저하 때문이다.

can, must, should, couldn't계열의 조동사들은 단지 동사를 보조해주는 동사들이 아니고 별개의 뜻을 가진 별개의 동사들이다. can(할 수 있다), must(꼭해야만 한다), should(당연히 해야만 한다), couldn't(할 수 없었다) 이러 조동사들은 동사의 뜻을 보충해주는 동사가 아니고 별개의 뜻을 가지는 동사이다. I can.(나는 할 수 있다)

I must(나는 꼭해야만 한다)처럼 can이나 must뒤에 동사가 없어도 단독으로 번역이 된다.

(2)전명구가 동사, 형용사, 부사 뒤에서 설명한다.

①전명구가 동사 뒤에서 동사를 설명

The bird flies in the sky.(새가 날고 있다 그 위치는 하늘이다) in the sky가 동사 flies뒤에서 동사 flies를 설명해주고 있다. 동사를 설명해주므로 부사가 된다. 육하원칙 중 "어디에"에 해당한다.

I get up early in the morning.(나는 일어난다 일찍 그 때는 아침이다) in the morning이 육하원칙 중 "언제"에 해당한다.

I get up always in the afternoon.(나는 일어난다 항상 그 때는 오후) 나는 항상 오후에 일어난다는 뜻인데 여기서 always는 부사 in the afternoon을 꾸며주는 부사이다. 이렇게 한 개의 단어가 부사가 되어 전명구 앞에서 전명구 전체를 꾸며줄 수 있다. in the afternoon은 전명구로서 부사이다. 2016년 수능 28번에서 이 문법을 묻는 문제가 나왔다.

the focus is exclusively on the object.(초점이 있다 독점적으로 그 초점이 접하는 위치는 그 물체)

Leadership is not just **for people** at the top.(리더십은 아니다 정확한 적용대상은 사람들인데 이 사람들은 최고의 위치에 있다)

→ **for people**은 is를 설명하는 부사이다.

at the top은 전명구로서 people을 설명해주는 형용사이다.

☞전명구가 부사가 될 경우의 번역

언제, 어디서, 어떻게, 왜(육하원칙)로 일단 번역이 된다. 이 육하원칙으로 번역이 안 되면 전치사 뜻 외에 추가로 조건, 양보, 이유, 목적, ~해서, ~하기에 의 뜻을 넣어서 번역한다. 전치사 고유의 뜻이외에 추가로 들어가게 된다.

(어떻게든 목이양쪽을 치료해서 결과적으로 성공해라)

→어떻게, 목적, 이유, 양보, 조건, ~해서, 결과,

(i)조건

Confidence in the claim is not as strong **among the most knowledgable.**

(자신감 그 때는 주장할 때인데 아니다 무엇처럼 강한 것
그 위치하고 있는 내부는 가장 똑똑한 사람들 사이라면)

→among the most knowledgable 단순히 "그 위치하고 있는
내부는 가장 똑똑한 사람들 사이"라고만 번역해보면 "가장 똑똑한
사람들 사이에서"가 되지만 조건의 뜻을 더해서 번역하면 "그 위치
하고 있는 내부는 가장 똑똑한 사람들 사이라면"이 된다.

in+ 동사파생 추상명사는 "그 때는"으로 번역한다.

(ii)양보

Even **without information**, people believe the stocks they own will perform.

(심지어 가지고 있지 않는 것이 정보라 하더라도, 사람들이 믿는 것
은 이 주식을 근데 이 주식을 그들이 소유하고 있는데 이 주식이
잘 될 거라고)

without information의 뜻은 "가지고 있지 않는 것은 정보"의 뜻이
다. 하지만 여기서는 양보의 뜻이 추가되었다. 즉 "가지고 있지 않는
것이 정보할지라도"로 번역된다. 이렇게
전명구는 전치사의 본래 뜻 외에 추가적인 부사의 뜻이 들어갈 수
있다. 양보로 번역되는 경우는 논리적으로 앞, 뒤가 안 맞을 때이다.
정보가 없다면 그들이 가진 주식이 잘 안 되어야 하지만 주식이
잘 될 것으로 번역이 되므로 논리상 앞, 뒤가 안 맞는다. 이렇게

논리상 앞, 뒤가 안 맞으면 양보로 번역한다.

(iii)결과

She failed to my disappointment.

(그녀는 실패해서 그 결과 나는 실망했다)

→disappointment가 동사에서 파생한

추상명사이므로 동사로 번역해주고 추상명사 앞의 소유격은 주어로 번역해준다. 따라서 "나는 실망하다"가 되고 결과를 나타내는 to가 있고 과거시제이므로 결과로 번역하면

"그 결과 나는 실망했다"가 된다. 본동사와 이어서 번역하면 결과이므로 "~해서"가 된다.

to는 동사의 도착을 나타내는데 동사의 도착이란 결과를 나타낸다.

2. 전명구에 관한 일반사항

1) 전치사 뒤에는 명사가 와야 한다. 명사절도 일종의 명사이므로 명사절이 전치사 뒤에 올 수 있다.

Mercury differs from other industrial metals **in that** it is a liquid.(수은은 다르다 분리되어있는 것은 다른 산업금속인데 **그 이유는** 수은이 상태이다 액체)

that it is a liquid절이 전치사 in뒤에 왔으므로 that it is a liquid는 전치사의 목적어가 되어 명사가 된다. in that은 "그 이유는"으로 번역한다. 이렇게 명사절이 전치사의 목적어로 올 수 있다.

I have not much to tell you except that I am innocent.(나는 가지고 있지 않다 많은 것을 근데 가지고 있는 극히 일부분(많지 않음)이란 말하는 것이다 나는 결백하다는 것을)

that I am innocent절이 전치사 except뒤에 왔으므로 전치사의 목적어가 된다. 전치사의 목적어는 품사가 명사이다. 명사 뒤의 to부정사의

to를 "그 명사란"으로 번역한다. 기존 문법에서는 동격이라고 부르기도 하지만 거꾸로 번역하는 동격은 없다. 기존 문법식으로

설명하자면 I have not much와 to tell you except that I am innocent.이 동격이고

to tell you except that I am innocent가 I have not much를 꾸며주는 형용사구다. 하지만 이런 기존 문법 설명에서 벗어나야 한다.

2) 부사가 전치사를 앞에서 꾸며주는 경우

You're **so much** like your mother.(너는 상태이다 매우 많이 비슷한 대상은 너의 엄마다) **so much**가 전치사 like를 꾸며준다. like는 "비슷한 대상은"으로 번역한다.

The old house looks **remarkably like** an apartment.(그 오래된 집은 보인다 놀랍도록 비슷한 대상은 아파트다) **remarkably**가

전치사 **like**를 꾸며준다.

He lives **right on** the frozen sea. (그는 살고 있다 바로 그 위치는 얼어붙은 바다이다)

right가 전치사 **on**을 꾸며주고 있다. **on**은 "그 접하는 위치는"으로 번역한다. on을 "그 접하는 위치는"으로 번역을 한다.

3) 전명구의 부정

부정어를 전명구 앞에 놓으면 전명구를 부정할 수 있다. 전명구가 명사이든, 형용사이든, 부사이든 상관없이 전명구 앞에 부정어를 놓아서 전명구를 부정할 수 있다.

He had to prepare not for global warming.

(그는 준비해야만 했다 목표로 하지 않는 것은 지구온난화다)

for는"목표로 하는 것은"란 뜻이다. not이 전명구 for global warming을 부정한다.

4)전치사와 부사의 구별

전치사 뒤에 명사가 오지 않으면 그 전치사는 부사가 된다.
Come on.(와서 붙어라) 와서 붙는 행위를 반복하면 빨리 뒤에 따라 붙어라는 뜻이다.

　on뒤에 명사가 없으므로 on은 전치사가 아니라 부사이다.
Call the meeting off.(불러라 그 회의를 그 결과 떨어뜨려라)
off뒤에 명사가 없으므로 off는 부사가 된다.

[문장의 구성 및 문장 형식의 사라짐]

동사가 대장이고 나머지 주어, 목적어, 형용사를 포함한 모든 것은 쫄병이다. 문장 내에서 동사가 뜨면 최소한 주어는 따라 붙어야 하며 나머지 쫄병들은 필요에 따라 동사에 붙는다.

가. 영어의 어순

형식이란 없다. 영어는 명사를 중심으로 순서대로 명사를 설명하는 언어이다. 주어+동사에서 동사는 명사인 주어를 설명하고 동사 뒤에 나오는 형용사 역시 주어인 명사를 설명하는 것이다. 영어는 명사가 먼저 나오고 그 명사를 순서대로 설명하는 언어이다.

1. 동사 뒤에 명사가 한 개만 올 때

 동사 뒤의 명사가 보어인지 목적어 인지를 판단하려면 주어와 동사 뒤의 명사가 논리적으로 말이 되는지 안 되는지를 판단해보면 된다. 말이 되면 보어이고 말이 안 되면 목적어다.

The girl became a teacher. The girl은 a teacher이다.(O)
➡말이 되므로 a teacher는 보어가 된다.
The girl made a desk. The girl은 a desk이다.(X)
➡말이 안 되므로 a desk는 보어가 아니라 목적어이다.

2. 동사 뒤에 명사가 두 개 올 때의 번역

 동사 뒤에 명사가 두 개 오면 앞 명사와 뒤 명사가 논리적으로 말이 되는지를 판단해본다.

1)논리적으로 말이 안 될 때 ➡ 앞 명사**에게** 뒤 명사를 **동사하여 주다.** 번역시 반드시 "~해주다" 라는 뜻이 들어가야 한다.

I bought him a desk. 앞명사≠뒷명사 him≠a desk (나는 **사서 주었다** 그에게 책상을)

2)논리적으로 말이 될 때 ➡ 앞 명사는 뒤 명사라고 동사하다.

I thought the girl a teacher.

앞명사=뒷명사 the girl = a teacher

(나는 **생각했다** 그녀가 선생이**라고**)

3. 동사 뒤에 명사가 한 개 있고 명사 뒤에 준동사가 올 경우

1)준동사가 명사를 설명해 줄 경우(마음 속으로 논리적으로 말을 만들어본다➡명사가 준동사하다고➡논리적으로 말이 되면 이 때의 준동사는 명사를 설명한다. 만일 논리적으로 말이 되지 않을 경우 부사가 된다.)

준동사가 명사를 설명해주는 이런 형태는 기본적으로 강제적인 시킴의 뜻이 들어있다.

시킴의 뜻이 강할 경우 to부정사 대신에 동사원형을 쓴다. 준동사란 to부정사, ~ ing, ~ed, 동사원형을 말한다.

(1)명사가 준동사하다고 동사하다

I thought the girl **to become** a doctor.

(나는 생각했다 그녀가 앞으로 될 것이라고 의사가)

the girl가 to become a doctor하다. 논리적으로 말이 된다.

I saw her **running.** (나는 보았다 그녀가 달리기하는 것을).

her가 running하다. 논리적으로 말이 된다.

I saw her **run.** (①나는 지금 그녀가 달리기하는 것을 보았다 ②나는 그녀가 달리기 하는 것을 과거에도 봤고 현재도 보고 있으며 미래도 볼 것이다는 뜻을 나타낸다.

➡문맥에 따라①과②중에서 하나로 번역된다.)

준동사 자리에 동사 원형이 오면 본동사(saw)와 ①동시 동작을 나타내거나 ②과거에도 그랬고 현재도 그러하며 미래도 그럴 것이다는 두 가지 중의 한 가지 뜻을 나타낸다.

지각동사란 보고, 느끼고, 맛보고 하는 등의 인간의 감각동사를 말한다. 지각동사는 사람의 감각을 나타내는데 그녀가 달리는 것과 내가 보는 것은 동시에 일어나므로 동사원형을 사용해야 한다.

지각동사의 경우 준동사 자리에 동사원형이 오는데 그 이유는 지각동사의 특성상 목적어의 동작(동사원형)이 본동사의 동작과 동시에 발생하기 때문이다. 보고, 느끼고, 맛보고 하는 등의 감각 동사와 목적어의 동작이 동시에 발생하므로 to부정사 자리에 동사원형이 와야 한다. 왜냐하면, to 부정사는 동사의 동작이 미래이고 동사 원형은 본동사의 동작과 동시에 발생하기 때문이다. 본동사의 동작과 동시에 발생하는 것을 표시하기 위해서

동사원형을 썼다.

(비교)I saw her **to run.**(나는 보았다 그녀가 달릴 것을➡본동사가 지각동사일 때 to부정사가 올 수도 있다. 문법상 틀린 것이 아니고 단지 번역에 차이가 있다. to부정사는 미래를 나타내므로 미래로 번역하면 된다. 이런 표현은 일반 문장에서는 나오지 않고

동화책 속의 점쟁이가 하는 말에서 나올 수 있다.

I heard my name **called.**(나는 들었다 내 이름이 불리워지는 것을)

(my name이 called [불리어졌다]) 논리적으로 말이 된다.

준동사(to 부정사, 동사원형, ~ing, pp)는 모든 명사

뒤에 올 수 있다 즉, 이 문장에서는 my name과 called사이에 동사원형 be가 생략된 것이 아니라 그냥 ~ed가 온 것이다. 수동태에서 다룰 것이지만 be+pp가 수동태가 아니고 앞, 뒤 문맥상 ~ed자체에 수동의 뜻이 들어있으면 이 pp를 수동으로 번역해야 된다.

I heard my name **called.**에서 어법상 called를 수동으로 번역해야 맞기 때문에 called가 올 수 있는 것이다.

I heard my name **to be called.** (나는 들었다 내 이름이 불리워질 것을)➡실제 문장에서는 나오기 어렵지만 동화책에서는 얼마든지

나올 수 있다.

I heard my name **be called.**(나는 들었다 내 이름이 불리워져 있는 상태인 것을)➡be가 있으면 상태를 강조한다. 즉, 불리워진 상태인 것을 들었다는 뜻이다. 상태를 강조하므로

다소 긴장감을 느낄 수가 있는데 현실적으로 I heard my name **called.**과 큰 차이가 없으므로 I heard my name **be called.**는 사용되지는 않지만 문법적으로 틀린 문장은 아니다. 문장 내에서 긴장감을 나타내기 위해서 be를 사용할 수 있다.

(2)명사로 하여금 준동사하게 하다.

(준동사에는 동사원형도 들어간다)

He got his sister **to help** him.(그는 하게 했다 여동생으로 하여금 앞으로 돕도록 그를)

Get him **talking.**(하게 해라 그로 하여금 이야기를 계속하게)

He ketp the door **closed.** (그는 유지되도록 했다 문으로 하여금 닫혀진 상태가)

I have a car **destroyed.** (나는 시켜서 가지고 있다 자동차가 파괴되도록)➡5형식

have는 "가지고 있다"인데 이 동사가 시킴의 뜻(사역동사)이 강하면 명사를 시켜서 그 결과 가지고 있다는 뜻이다.

(comparison) I have a car **destroyed.** (나는 자동차를 한 대 가지고 있는데 근데, 그 자동차는 파괴되어져 있었다) ➡ (나는 파괴된 자동차를 한 대 가지고 있다)➡3형식 문맥에 따라 번역이 달라진다.

He made me **clean** my room.(그는 만들었다 내가 청소하도록 나의 방을)시킴의 뜻이 매우 강한 동사(make,have,let)의 경우 준동사 자리에 동사원형을 쓴다. 그 이유는 시킴의 뜻이 매우 강하다 보니 시키자마자 동시에 해야한다는 의미가 있기 때문이다. 준동사

자리에 동사원형이 오면 본동사와 동시 동작을 나타낸다. 시키자
마자 바로 동시에 해야 하기 때문에 동사 원형이 왔다. 그 만큼
시킴의 뜻이 매우 강하다

지각동사의 경우도 동사원형이 오면 본동사와 동시 동작을 나타낸다.
make는 "만들다"가 기본 뜻으로 시킴의 뜻이 되면 "어떤 일을 하도
록 만들었다"는 뜻이 된다.

I'll have you know the facts.(나는 시켜서 가지고 있을 것이다. 너
로 하여금 알도록 이 사실들을) 준동사 자리에 동사 원형이
왔으므로 본동사 have의 말이 끝나는 것과 동시에 동사원형을
해야 한다.

They won't let him leave the country.(그들이 그로 하여금 이 나
라를 떠나도록 하지 않을 것이다)

시킴의 뜻이 매우 강한 동사 이외의 동사일 경우 준동사 자리에 동
사 원형이 오면 그 뜻은 "과거에도 그랬고 현재에도 그러하며 미래
에도 그럴 것이다"는 뜻을 나타낸다.

Natural oil helps your hair stay healthy. (천연오일은 도울 것이
다 너의 머리카락으로 하여금 건강한 상태로 유지되도록)help동사의
경우 to부정사가 올 수도 있고 동사원형이 올 수 도 있는데 둘 다
문법적으로는 맞지만 뜻이 틀리다.

Natural oil helps your hair to stay healthy.(천연오일은 도울 것이
다 너의 머리카락으로 하여금 **앞으로** 건강한 상태로 유지되도록) to
부정사에는 미래의 뜻이 있다. 천연 오일은 과거에도 도움이 됐고
현재도 도움이 되고 미래에도 도움이 될 것이므로 동사원형을 써야
하지만 만일 to부정사를 사용하면 "천연오일은 현재까지는 도움이
되지 않았지만 앞으로 미래에 도움이 될 것이다"란 뜻이므로 어법상

맞지 않는다. 문법상 맞지만 글의 논리상(어법상)맞지 않아서 틀리게 되는데 문맥에 따라서는 help+ 목적어+ to부정사가 맞는

경우도 있다.

Can you help me to find my notebook?

(내가 내 노트북을 찾는데 도와 줄 수 있니?)

지금부터 앞으로 도와주는 것이므로 to 부정사를 사용했다.

2)준동사가 명사를 설명해 주지 않는 경우: 이 때는 준동사가 아니고 부사가 된다.

 I opened the box to find something. (나는 열었다 그 박스를 찾기 위해서 무엇인가를) "the box가 to find something하다" 논리적으로 말이 안 된다. 상자가 무엇인가를 찾는다는 것은 말이 안 된다. 따라서 to find something은 opened를 설명해주는 부사가 된다.

4.동사 뒤에 한 개 또는 두 개의 명사가 오고 부사가 올 경우

☞명사 뒤에 오는 부사는 동사의 결과를 나타낸다.

  Write them down.(적어라 그것들을 그 결과 기록으로 남겨라) down은 "기록으로 남기다"는 뜻을 가지고 있다. down은 write them의 결과를 나타낸다. 여기서 down뒤에 명사가 없으므로

부사가 된다.

5.동사 뒤에 명사가 오지 않고 명사 이외의 단어가 올 경우

➜형용사인지 부사인지 구별하는 법

첫째는 주어와 논리적으로 말이 되는지를 판단해본다. 주어와 논리적으로 말이 되면 형용사가 되고 말이 안 되면 부사가 된다.

The bird is pretty.(이 새는 예쁘다) The bird가 pretty하다는 뜻이므로 말이 된다. 따라서 pretty는 형용사가 된다.

The bird is here.(이 새는 있다 여기에) The bird가 here하다는 말이 안 된다. 따라서 here는 부사가 된다.

둘째는 동사를 설명해주는지를 판단해본다. 동사를 설명하기도 하고 주어와 논리적으로 말이 되기도 하면 문맥에 따라 부사가 될 수도 있고 형용사가 될 수도 있다.

The bird flies fast.(새가 빨리 난다) The bird가 fast하다는 말이 된다. 따라서 fast는 주어의 상태를 나타내는 형용사라고 할 수 있다. 또는 flies하는데 빠르게 난다는 뜻도 말이

되므로 부사가 될 수도 있다. 어법상 어느 번역이 맞는 지는 문맥의 앞,뒤로 결정해야 한다. 이 문장에서는 논리상 fast가 flies를 설명한다고 하는 것이 맞으므로 fast는 부사가 된다.

예) She returned alive. (그녀는 살아있는 상태로 돌아왔다) ➜그녀는 돌아왔는데 그녀의 상태는 살아있다. 그녀가 돌아오긴 돌아왔는데 어떤 상태냐? 살아있는 상태다.즉, alive가 동사 returned 뒤에서 주어의 상태를 설명해주고 있다. 따라서 alive는 형용사가 된다.

영어는 동작이 대상에 영향을 미쳐 그 결과를 나타낸다.

This bread smells bad. 이 빵은 나쁜 상태의 냄새가 난다.(O) 이 빵은 나쁘게 냄새가 난다(X) This bread is bad. 논리적으로 말이 된다 따라서 bad는주어인 bread의 상태를 나타내는 형용사이다. 이 문장은 빵이 상해서 냄새가 나쁘다는 것이다.

This bread smells badly. (이 빵은 나쁘게 냄새가 난다.) This bread가 badly하다는 것은 논리적으로 안 된다. 따라서 badly는 부사가 된다. 부사이므로 동사 smell을 설명해준다. 정상적인 빵이지만 냄새만 나쁘게 난다는 뜻이다.

나. 문장 구성 원리

한글은 동사 하나에 두 개의 뜻이 들어 있을 수 있다. "뱀이 돼지를 휘감고 있다."에서 "휘감고있다"라는 동사는 "휘고 있다"와 "감고 있다"의 두 개의 뜻을 가지고 있음을 알 수 있다. 하지만 영어는 한글처럼 하나의 동사에 두 개의 뜻을 가지고 있을 수 없다. 그래서

두 개의 뜻을 나타내기 위해서 영어는 동사의 동작➜동작이 미치는 대상➜그 결과나 상태를 순서적으로 나타내는 문장 순서를

가지게 되었다.

He made me upset.(그는 만들었다 내가 화난상태가 되도록) made 라는 동사의 동작이 me(나)라는 대상에 미쳐서 그 결과 화가 난 상태가 됐다는 뜻이 된다. made➜ me➜ upset의 순서로 뜻이

이동한다.

He was burnt dead.(그는 불에 탔다 그 결과 죽었다)was burnt라는 동사의 동작이 He(그)라는 대상에 미쳐서 그 결과 그가 죽었다는 뜻이 된다.

The chairman called the meeting off.(그 회장은 소집했다 그 회의를 그 결과

떨어뜨렸다) called라는 동사의 동작이 the meeting(회의)에 미쳐서 그 결과 그 회의가 떨어졌다는 뜻이므로 회의가 취소됐다는 뜻이 된다. called the meeting off의 순서로 뜻이 이동한다.

다. 동사+ 대명사+ 부사와 동사+ 부사+ 대명사와의 관계

☞우리가 흔히 전치사로 알고 있는 단어 뒤에 명사가 없으면 그 단어는 전치사가 아니고 부사이다. 왜냐하면 전치사 뒤에는 반드시 명사가 와야 하기 때문이다.

동사+ 목적어+ 부사에서 부사는 동사의 결과를 나타낸다.

1. called the meeting off와 called off the meeting의 차이점
 영어는 위치언어이므로 그 위치가 달라지면 뜻이 달라진다.
1)called the meeting off➡소집했다 그 회의를 그 결과 떨어뜨렸다.
회장이 회의를 소집한 후 "오늘 회의는 하지 않기로 했습니다"라고
발표를 하는 것이다. off뒤에 명사가 오지 않았으므로 off는 명백히
부사가 된다.
2)called off the meeting➡off뒤에 명사가 있으므로 off는 전치사가
된다. off의 뜻은 "떨어뜨리는 것은"의 뜻이다. 떨어뜨린다는 것은
중단시킨다는 뜻이 되는데 순서대로 번역하면 "전화해서 중단시킨
것은 그 회의다"가 된다. off가 the meeting 앞에 위치하느냐
뒤에 위치하느냐에 따라서 call의 번역도 달라진다.
He called off the meeting.라고 한다면 그 뜻은"사장이 전화해서
오늘 회의를 취소했다"의 뜻이 되고 He called the meeting off.라
고 한다면 "사장님이 회의를 소집하셨고 소집하신
그 회의를 그 자리에서 취소했다"의 뜻이 된다.
2. called it off와 called off it의 차이점
(1)called it off➡the meeting 대신에 it을 쓴 것에 불과하다. 어법상
맞다.
(2)called off it➡off뒤에 it(대명사)이 왔으므로 off는 전치사가 된
다. "전화해서 중단시켰다
그것을" 번역 상 틀린 번역은 아니다. called it off는 it뒤에 off가
있어서 it의 상태를 나타내주고 있으므로 비록 "그것을"이라고 하더
라도 어법상 맞는 문장이 된다. called off it은 it의 상태를 나타내주
는 말이 없으므로 "그것을"이라고 번역하면 "그것을"이 무엇을
의미하는지 알 수 없게 된다. it대신에 them등이 와도 이런 이유로
해서 틀린 문장이 된다.

영어의 가주어와 진주어, 가목적어와 진목적어를 보면 먼저 it이 앞에 나오고 뒤에 진주어나

진목적어가 나오게 됨으로써 앞에 쓴 it의 상태를 나타내준다. 이렇게 it, them과 같은 대명사의 상태를 나타내주는 단어가 뒤에 오면 it, them같은 대명사를 쓸 수가 있지만

called off it처럼 it, them과 같은 대명사의 상태를 설명해주는 단어가 없을 경우에는 it, them같은 대명사를 쓸 수 없게 된다.

3. call on him과 call him on의 차이점

1)call on him →전화해서 만나는 대상이 그이다.→의역하면 "그를 방문하다"로 맞는 문장이 된다.

2)call him on→전화한다 그에게 계속하자고(on)→이 문장만 가지고는 무슨 뜻인지 알 수가 없다. 따라서 어법상 틀린 문장이 된다.

문법상은 맞다. 왜냐하면 문장 중에서 나올 경우

이해할 수 있기 때문이다. 하지만, 단독문장에서는 무슨 말인지 알 수 없으므로 어법상 틀린 문장이 된다.

[기존 1형식부터 5형식까지의 설명]

영어는 명사 중심언어이고 한글은 동사 중심언어이다. 영어는 명사를 앞에 적고 그 명사를 주~욱 설명하는 형태를 나타낸다. 이 단원은 기존5형식을 설명하기 위한 것이지 이 단원 내용처럼 5형식으로 번역하라는 뜻이 아니다. 기존 1형식부터 5형식은 문장의 구조를 파악하는데 도움을 주기 때문에 기술한 것에 불과하다. 번역은 반드시 앞에서부터 순차적으로 해나가야 한다.

1. 1형식: 주어+동사+부사   기존번역: 주어는 동사하다 (부사하게)

The bird flies. (새가 난다.)

The bird flies fast.(새가 빨리 난다)

2. 2형식: 주어+동사+명사 또는 형용사

기존번역: 주어+동사+주격 보어

(주어는 주격보어하다. 주어는 주격보어이다.

주어는 주격보어인 상태다.) 주격보어란 주어를 설명해주는 명사나 형용사를 말한다.   be동사는 "(상태)이다" 또는 "있다"로 번역된다.

1)주격보어가 명사:

I   am   a student.

(명사) (동사)   (명사)

I는 a student 논리적으로 된다. 그러면 student가 보어가 된다.

The girl   became   a teacher.

(명사)   (동사)   (명사)

The girl는 a teacher논리적으로 된다. 그러면 a teacher가 보어이다.

2)주격보어가 형용사

The bird   is   pretty.

(명사)　　　(동사)　　(형용사)

The bird는 pretty. 말이 논리적으로 된다. 그러면 pretty가

보어가 된다.

　You　　　look　　　　great.

(명사)　　(동사)　(형용사)

You 가 great하다. 말이 논리적으로 된다. 그러면 보어가 된다.

　　She returned alive. (그녀는 살아있는 상태로 돌아왔다)➡ 그녀는

돌아왔는데 그녀의 상태는 살아있다. 그녀가 돌아오긴 돌아왔는데

어떤 상태냐? 살아있는 상태다. 즉, alive가 동사 returned 뒤에서

주어의 상태를 설명해주고 있다. 영어는 동사의 동작이

대상에 미치고 그 결과가 생기는 언어임을 잊지 말자.

2형식 동사, 3형식 동사라고 꼭 정해진 법은 없다.

1형식과 2형식 구별법

주어와 동사 뒤의 단어와 논리적으로 말이 되는지 판단해본다. 말이

되면 2형식이고 말이 안 되면 부사이다.

The bird flies in the sky.(1형식)

The bird는 in the sky이다는 말이 안 되므로 부사이다.

The bird flies fast.(1형식) 손가락으로 flies를 가린 후 말을

만들어본다.　The bird는 fast이다는 논리적으로

말이 안 된다. 따라서 fast는 형용사가 아니고 부사이다.

My robot works well.(나의 로봇은 작동한다 잘)

works를 손가락으로 가린 후 My robot은

well이라고 말을 만들어 보면 말이 안된다. 따라서 well은 works를

설명하는 부사이다. well이 부사이므로 이 문장은 1형식이 된다.

The bird is pretty.(2형식) The bird는 pretty하다는

말이 되므로 2형식이고 pretty는 형용사이면서 보어가 된다.

My robot worked dead.(2형식)(나의 로봇이 작동했다 죽은 상태)
동사worked를 손가락으로 가린 후 My robot과 dead가 논리적으로
말이 되는지를 본다. 나의 로봇이 죽었다(고장 났다)는 말이
논리적으로 성립한다. 형용사가 보어가 되면 동사의 결과를
나타낸다.

My friend remains missing.(나의 친구는 여전한 상태이다 실종된)
remain을 손가락으로 가린 후 말을 만들어본다.

My friend는 missing(실종된)상태는 말이 된다. 이렇게 말이 되면
missing(실종된)은 형용사로서 주어인 My friend를 설명하는 보어가
된다, 이 문장은 2형식이 된다.

You look great.(2형식) (너는 보인다 대단한 상태로)
손가락으로 look를 가린 후 You는 great이다로 말을 만들어 보면
말이 되므로 이 때의 great는 형용사이고 문장의 구성성분은
보어이다. 실제로 great하기 때문에 You look great.라고 하는
것이다.

You look greatly.(1형식) (너는 보인다 대단한 상태로)
손가락으로 look를 가린 후 You는 greatly이다로 말을 만들어 보면
말이 안 된다. 따라서 greatly는 부사가 되어 look를 설명한다.
대단하지도 않으면서 대단한 척 흉내를 내는 것을 말한다.

☞보어의 보충설명☜

I am well. 나는 건강하다.

I feel well.에서 well을 형용사로 번역하면 "나는 느낀다 건강한
상태를 "이 된다. 2형식이다.

I feel well.에서 well을 부사로 번역하면 "나는 건강하게 느낀다"는
뜻인데 이 말 뜻은 건강하지는 않은데 기운 등에 의해 건강하게 느
낀다는 뜻이 된다. well이 "건강하게"라는 부사로 쓰였다면

이때의 well은 주어의 상태를 설명한 것이 아니고 동사 feel을 설명한 것이 되므로 보어가 될 수 없고 부사가 된다. 1형식이된다. 따라서 I feel well.은 문맥의 앞, 뒤에 따라서 1형식도 될 수 있고 2형식도 될 수 있다.

This bread smells bad.=

①This bread is bad.+ ②This bread smells.

이 빵은 나쁜 상태의 냄새가 난다.(O)   이 빵은 나쁘게 냄새가 난다 (X) 이 문장은 빵이 상해서 냄새가 나쁘다는 것이지 빵 자체가 싱싱한데도 나쁜 냄새가 난다는 것은 아니다.

This bread smells badly. (이 빵은 나쁘게 냄새가 난다.) 여기서 badly는 동사 smell를 설명해주는 부사가 된다. 빵이 정상적인 빵이지만 냄새만 나쁘게 난다는 뜻이다.

치즈 빵 같은 경우 빵은 정상적이고 맛도 있지만 냄새만 좀 이상하게 날 수 있다.

3. 3형식: 주어+동사+목적어   기존번역: 주어는 목적어를 동사하다

　　I like a car.(나는 자동차를 좋아한다)

　2형식과 3형식 구별법

　주어가 동사 뒤의 단어와 논리적으로 말이 되는지 판단해본다. 말이 되면 2형식이고, 말이 안 되면 3형식이 된다.

The girl became a teacher.(2형식)

The girl 는 a teacher이다.(O)

The girl made a desk.(3형식)

The girl 는 a desk이다.(X)

She remained a little girl.(2형식)

She는 a little girl는 말이 된다.

She shot the dog.(3형식) (그녀는 쐈다 그 개를)

She는 the dog이다(X)

4. 4형식: 주어+동사+명사+명사 기존번역: 앞 명사에게 뒷 명사 하여 주다

4형식으로 문장이 판명되면 번역을 "~하여주다"로 해야 한다.

(caution) 4형식과 5형식의 구별법

1)앞명사≠뒷명사: 4형식

2)앞명사=뒷명사: 5형식

앞명사와 뒷명사가 논리적으로 같지 않으면 4형식이고 같으면 5형식이다.

I bought him a desk. 앞명사≠뒷명사 him≠a desk (나는 그에게 책상을 **사서 주었다**) →4형식

I thought the girl a teacher. 앞 명사=뒷 명사 the girl = a teacher (나는 그녀가 선생이라고 생각했다)

→5형식

(4형식 예문)

I bought him a desk. him≠a desk My father left me a car. me≠a car (아버지는

남겨주었다 나에게 차를) I wish you a merry Christmas. you≠a merry Christmas(나는 소원 빌어준다 너에게 즐거운 크리스마스를)

He made me a desk. me ≠ a desk(그는 만들어주었다 나에게 책상을)

He made me a desk.에서 문맥에 따라 5형식이 될 수도 있다. 마법의 세계에서는 me=a desk가 논리적으로 말이 될 수 있다.

이 경우 번역은 "그는 만들었다 내가 책상이 되도록"이 된다.

5. 5형식:주어+동사+명사+명사, 형용사, 준동사, 전명구, 절

명사+명사, 형용사, 준동사, 전명구, 절에서 앞 명사와 뒷 단어를 마음 속에서 논리적으로 말을 만들어 보아 말이 되면 5형식이 된다. 이 때의 뒷 단어를 목적격보어라고하고 앞 명사를 목적어라고 한다. 뒷 단어란 명사, 형용사, 준동사, 전명구, 절을 말한다.

목적격보어란 목적어를 설명해주는 명사나 형용사를 말한다. 준동사, 전명구, 절이 목적격보어가 되면 명사 또는 형용사가 된다.5형식에는 기본적으로 시킴의 뜻이 들어 있다.

기존번역: 명사가 뒷 단어하다, 명사가 뒷 단어이다, 명사가 뒷 단어하게 하다.

1)동사+ 앞 명사 =뒷 명사

(1)앞 명사는 뒷 명사라고 동사하다.

I thought the girl a teacher. the girl은 teacher이다 논리적으로 말이 된다. 말이 되므로 "명사가 뒷 명사라고 동사하다"로 번역한다. (나는 그녀가 선생이라고 생각했다)

(2)앞 명사로 하여금 뒤 명사하게 하다

I made him a doctor. (나는 그가 의사가 되도록 했다) him은 doctor이다. 논리적으로 말이 된다.

2) 동사 +명사 형용사

(1)명사는 형용사하다고 동사하다.

I thought the girl pretty. (나는 그녀가 예쁘다고 생각했다) the girl는 pretty하다. 논리적으로 말이 된다. 논리적으로 말이 되므로 pretty는 the girl을 설명해주는 형용사가 된다.

(비교) I thought the girl pretty. 여기서 pretty는 형용사로 번역될 수도 있지만 부사로도 번역될 수 있다. 왜냐하면 품사란 문장 내의 위치에 따라서, 그리고 문맥의 앞, 뒤 번역에 따라서 바뀔 수가 있기 때문이다. (나는 그녀를 생각했다 많이)

(2)명사로 하여금 형용사화 시키다(하다)

I made her pretty. (나는 그녀로 하여금 예쁘게 하도록 했다) her 는 pretty하다, 논리적으로 말이 된다.

3)동사 명사 준동사(to 부정사, ~ing, ~ed)

(1) 명사가 준동사 하다고 동사하다.

I thought the girl **to become** a doctor.(나는 그녀가 의사가 될 것이라고 생각했다)

the girl가 to become a doctor하다. 논리적으로 말이 된다.

I saw her **running.** (나는 그녀가 달리기하는 것을 보았다). her가 running하다. 논리적으로 말이 된다.

I heard my name **called.** (나는 내 이름이 불리워지는 것을 들었다) my name이 called되었다. 논리적으로 말이 된다.

(2) 명사로 하여금 준동사하게 하다.➔5형식은 기본적으로 강제의 뜻이 들어 있다.

He got his sister **to help** him.(그는 여동생으로 하여금 그를 돕게 했다)

Get him **talking.**(그로 하여금 이야기를 계속하게 하라)

He kept the door **closed.** (그는 문으로 하여금 닫혀진 상태가 유지되도록 했다)

I have a car **destroyed.** (나는 자동차가 파괴되도록 했다)➔ 5형식 (comparison) I have a car **destroyed.** (나는 자동차를 한 대 가지고 있는데 근데, 그 자동차는 파괴되어져 있었다)➔ (나는 파괴된 자동차를 한 대 가지고 있다)➔3형식

(caution) 5형식에 한해서 준동사에 to 부정사 대신에 동사원형이 들어갈 수 있다.

①make, have, let, help + 목적어 + 동사원형

He made me clean my room. 시킴의 뜻이 매우 강한 동사의 경우 준동사 자리에

동사원형을 쓴다. 그 이유는 시킴의 뜻이 매우 강하다 보니

시키자마자 동시에 해야 한다는 의미가 있기 때문이다.

I'll have you know the facts.(나는 너로 하여금 이 사실들을 알도록 하겠다)

They won't let him leave the country.(그들이 그로 하여금 이 나라를 떠나도록 하지 않을 것이다)

②지각동사+목적어+동사원형

I saw her run.(나는 그녀가 달리는 것을 보았다)지각 동사는 사람의 감각을 나타내는데 그녀가 달리는 것과 내가 보는 것이 동시에 일어나므로 동사원형을 사용해야 한다.

☞형식에 관계없이 문장 내에서 명사 뒤에 올 수 있는 것들☜

영어는 명사를 중요하게 생각한다. 동사도 추상명사화 시켜서 사용할 정도로 영어는 명사를 중요하게 생각한다. 문장 중에 명사가 나오면 뒤에 나올 수 있는 경우의 수가 정해져 있는데 그 경우의 수만 공부하면 된다. 5형식과 비슷한 면이 있다. 왜냐하면 5형식도

주어+동사+명사+뒷 단어에서 명사 뒤에 올 수 있는 것 즉, 명사, 형용사, 준동사, 전명구, 절이 명사 뒤에 오기 때문이다.

1. 명사 뒤에는 명사, 형용사, 준동사, 전명구, 절이 나올 수 있다.

2. 명사 뒤에 명사, 형용사, 준동사, 전명구, 절이 나올 경우의 번역

1) 명사 + 명사

(1) 명사≠명사

①동사+ 앞 명사≠뒷 명사: 4형식 ➜ 앞 명사에게 뒷 명사하여 주다.

②4형식과 관계없이 문장 내에서 명사와 명사가 연이어 나올 경우의 번역(명사≠명사):

명사와 명사사이에는 목적격 연결대명사 또는 전치사의 연결 관계대명사가 생략되어 있다.

This is the same door the building has.(이것은 똑같은 문인데 근데 이 문을 그 빌딩이 가지고 있다)

door와 the building은 명사와 명사가 연이어 나온 경우이다.

하지만 door≠ the building이므로 door와 the building 사이에는 목적격 연결대명사가 생략되어 있다. 4형식 또는 5형식이 아니어도 이렇게 명사가 문장 중에 연속해서 두 개 나올 수 있다.

(2) 명사 = 명사

① 동사 + 명사 = 명사 : 5형식

②5형식과 관계없이 문장 내에서 명사와 명사가 연이어 나올 경우의 번역(명사 = 명사):

동격으로 번역한다 "즉" 또는 "다시 말해서"가 된다.

Tom, a student of the school (탐,즉 한 학생 소속은 이 학교)

2) 명사 + 형용사

형용사가 명사를 꾸며주는지 마음 속으로 말을 만들어 본다. 말이 성립되면 형용사가 되고 말이 안 되면 부사가 된다. 흔히 부사라고 알고 있는 단어도 명사 뒤에 오면 형용사가 될 수 있다.

The **graph above** shows the Canadian volunteer rates.(2014년 29번) **above**는 **graph**를 꾸며주는 형용사이다. (위에 있는 그래프는)

I met a **girl pretty**.(나는 소녀를 만났는데 근데 그 소녀는 예쁘다)

pretty는 **girl**을 꾸며주는 형용사이다.

3) 명사+ 준동사

명사를 주어, 준동사를 동사로 해서 마음 속으로 번역해본다. 번역해서 말이 되면 준동사는 명사를 꾸며주는 형용사가 된다.

I have no **time to study** English. (나는 가지고 있지 않다 어떠한

시간도 공부할 시간 영어를)공부할 시간(time to study) 논리적으로 말이 된다. 따라서 to study는 time을 꾸며주는 형용사다.

There is a **boy running**.(거기에는 있다 소년이 근데 이 소년이 달리고 있다.) 달리고 있는 소년(a boy running) 논리적으로 말이 된다. 따라서 **running**은 **boy**를 꾸며주는 형용사다.

There is a **car destroyed**.(거기에는 차가 있다 근데 이 차는 망가진 차다) 망가진 차(a car destroyed) 논리적으로 말이 된다. 따라서 **destroyed**가 **car**를 꾸며주는 형용사다.

4) 명사+ 전명구

명사를 꾸며주는 형용사로 번역해봐서 말이 되면 형용사다.

Take the notebook **on the table**. **on the table**이 notebook을 꾸며주는 형용사다. 말이 안 되면 부사이다.

Put this book on the table.(테이블 위에 있는 이 책을 놓아라)➔ 논리적으로 말이 안 된다. 따라서 on the table은 부사가 된다. ➔ 이 책을 테이블위에 놓아라

5) 명사+ 절

명사를 꾸며주는 형용사절로 번역해봐서 말이 되면 형용사 절이다. 번역해봐서 말이 안 되면 부사절이다. 어떠한 절이라도 번역해서 형용사로 번역이 되면 형용사 절이 될 수

있다. 비록 생긴 것은 부사절처럼 생겨도 얼마든지 형용사 절이 될 수 있다. 즉 연결대명사로 이끄는 형용사절은 문장 내에 주어, 목적어, 보어, 전치사의 목적어중 어느 한 부분이 빠져 있으면서 형용사 절이 되지만 빠진 부분이 전혀 없는 절도 훌륭한 형용사 절이 될 수 있다.

A severe illness **when she was just nineteen months old** deprived Helen Keller of both her sight and hearing. (헬렌켈러가 겨우 19개월 되었을 때 걸린 상당히 심각한 질병이 빼앗아 갔다 헬렌켈러에게서 본질적으로 소유하고 있던 것은 두 가지 다 시력과 청력이다)

when she was just nineteen months old 가 severe illness를 꾸며주는 형용사 절이다. 빠진 부분(주어, 목적어, 보어, 전치사의 목적어)이 전혀 없지만 형용사 절이 되었다.

(정리) 명사 뒤에 명사, 형용사, 준동사, 전명구, 절이 올 수 있는데 마음 속으로 말을 만들어보아서 말이 되면 형용사고 말이

안 되면 부사이다.

[to 부정사]

to부정사에서 **부정사**(不定詞)란 아닐 **부**+ 정할 **정**+ 말 **사**로 정해지지 않은 품사란 뜻이다.

to부정사는 지금부터의 미래를 나타내는데 미래를 나타내려면 의지가 필요하며 의지가 반영되므로 주관적이 되지만 의지는 그리 오래가지 않기 때문에 일시적일 수밖에 없다.

to 부정사는 명사자리에 있으면 명사가 되고 형용사 자리에 있으면 형용사가 되고 부사자리에 있으면 부사가 된다.

to부정사는 to에 동사원형을 붙여놓은 것이므로 기본적으로 동사의 성질을 가지고 있습니다. 문장 내에 동사가 뜨면 동사의 부하들(주어, 목적어, 형용사, 부사)이 따라다니는 것처럼 **to부정사**가 뜨면 그 동사 원형에도 동사의 부하들이 따라오게 됩니다.

따라서 **to부정사**도 주어, 목적어, 형용사, 부사들을 데리고 다닐 수 있습니다.

(비교)~ing는 과거부터 현재까지 그리고 미래까지의 진행을 나타낸다. 과거를 표현할 수 있으므로 완결을 나타낼 수 있고 과거부터 현재까지의 그리고 미래까지의 진행을 나타내므로 사실을 나타낼 수 있고 습관들도 표현할 수 있다.

과거, 현재, 미래를 나타내므로 객관적 사실을 나타낸다.

[to 부정사의 명사적 용법]

to do가 명사자리에 있으면 명사가 된다. 명사는 주어, 목적어, 보어, 전치사의 목적어 자리에 올 수 있다.

(1) to do가 주어자리에 있는 경우

To collect stamps is my hobby.

(모으는 것 우표를 이것이 나의 취미다) 아직 우표를 모으지 않고 있고 앞으로 우표를 모은다면 그것이 나의 취미가 될 것이다는 뜻이다.

Collecting stamps is my hobby.

(모으고 있는 것 우표를 이것이 나의 취미다)

To learn Math is fun.

(배우는 것 수학을 이것이 쉽다) 아직 수학을 배우지는 않지만 앞으로 수학을 배운다면 수학이 재밌을 것이라는 뜻이다.

Learning Math is fun.

(배우는 것 수학을 이것은 재밌다)

현재 수학을 배우고 있는데 수학이 재밌다는 뜻이다)

(2) to do가 목적어 자리에 오는 경우

to부정사가 목적어로 쓰이면 "그것은"으로 번역하는데 이 때 머리 속 그림에는 "앞으로"라는 그림이 그려져 있어야 한다. 즉, "앞으로 할 그것은 "이란 뜻이 된다. 여기서 "앞으로"는 마음 속의 그림으로만 생각하고 번역은 "그것은" 또는 "할 것은~"으로 번역한다.

I decided to go home.(나는 결정했다 (앞으로) **그것은** 가는 것이다 집에) **"그것은"**앞에 (앞으로)라는 그림을 그리면서 **"그것은"**으로 번역한다. 아래의 문장 예문은 그런 식으로 번역해야 한다.

I want to eat some food.(나는 원한다 **그것은** 먹는 것이다 어느

정도의 음식을)

It is possible for him to pass the exam.

(그것은 가능한 상태이다 그가 **할 것은** 합격하는 것이다 그 시험에)

①3형식의 목적어

I want to eat the bread.(나는 원한다 **그것은** 먹는 것이다 그 빵을)

to 부정사가 목적어로 쓰이면 "그것은"으로 번역한다.

I have to study English.(나는 가지고 있다 **그것은** 공부하는 것이다 영어를) have가 to study를 목적어로 가진다. 영어를 공부할 것을 가지고 있으므로 "영어 공부 해야만 한다"는 뜻이 된다.

She begins to study English.(그녀가 **시작한다** 그것은 공부하는 것이다 영어를)

②4형식의 뒷목적어에 쓰인 경우

I promise you to study English. you study English가 말이 되므로 5형식으로 번역할 수도 있지만 4형식으로 번역해보아 논리상 이상이 없으면 4형식으로도 번역할 수 있다.

(5형식번역)

"나는 네가 영어를 공부할 것을 약속한다=나는 네가 영어를 공부하도록 할 것을 약속한다."

5형식에는 강제의 뜻이 어느 정도 들어있다.

(4형식번역)

"나는 너에게 영어를 공부할 것을 약속해 준다."(아들이 아빠에게 하는 말)

=I promise you for me to study English.

(3) to 부정사가 보어자리에 오는 경우

①to 부정사가 주격 보어로 쓰인 경우: 주어의 종류에 따라 명사가 될 수도 있고 형용사가 될 수도 있다.

(가)주어가 추상명사이면 이때의 to 부정사는 명사가 된다. 번역은 **"그것은"**으로 한다.

My hobby is to collect stamps.(나의 취미는 상태이다 (미래에)그것은 모으는 것이다 우표를)My hobby는 collect stamps(우표수집)이다. 논리적으로 말이 된다. 이렇게 논리적으로 말이 되면 이 때의 to 부정사는 명사가 된다.

to collect stamps.는 주어(My hobby)를 설명해주는 보어다. 품사는 명사다.

➔미래에 취미가 될 것이라는 뜻이다. 현재의 취미는 아니라는 뜻이다.

(비교문장) My hobby is collecting stamps. (나의 취미는 상태이다 (현재에)모으는 것이다 우표를)

➔~ing는 과거부터 지금까지 또 미래에도 계속 진행될 것이라는 뜻 즉, 반복의 뜻을 갖고 있다. 취미가 반복적이라는 점을 생각한다면 ~ing를 써야 취미가 된다.

(나)주어가 일반 주어일 경우에 be동사 뒤에 to부정사가 오면 형용사로 번역한다. 형용사는 명사를 설명하므로 주어를 설명한다. 일반 문법책에서는 be to 용법이라고 하는데 잘못된 설명이다. be동사는 "상태이다" 와 "있다"로 번역된다.

He is to go there.

(그는 있다 그 이유는 가려고 하는 것이다 거기에)

He is to go there. (그는 있다 그 목적은 가는 것이다 거기에)

②to 부정사가 목적격 보어로 쓰인 경우: 명사로 번역된다. "~하기", "~할 것"......

I want you to study English.

to study가 목적격 보어인지 아닌지를 판별하는 법

you가 study한다. 논리적으로 말이 된다. 따라서 5형식으로 목적격 보어가 된다. 말을 마음속으로 만들어 보아서 말이 안 되면 형용사 또는 부사가 된다.

I want the milk to drink. (나는 원한다 그 우유를 근데 그 우유를 앞으로 마실 것이다)

milk가 drink한다. 논리적으로 말이 안 된다. 말이 안 되므로 형용사 아니면 부사가 된다. 여기서는 형용사가 된다.

I want vegetable to hate meat. vegetable이 hate meat하다. 논리적으로 말이 안 된다.

형용사로 번역해보니 또 말이 안 된다. 따라서 부사이다.

(4) to do가 전치사의 목적어로 오는 경우

I am sorry for to tell you this. (미안하다, 너에게 이것을 말하게 되서) to tell you가 전치사 for의 목적어로 쓰였다. for는

"그 이유는"으로 번역한다.

I have no choice but to become rich. but은 "~을 제외하고"의 전치사이다. to become

rich가 but의 목적어이다. (나는 부자가 되는 것을 제외하고 선택이 없다)

I depend on you to be on time.(내가 간절히 매달리는 것은 네가 앞으로 있는 것이다

제 시간에) you는 to be의 해석상 주어가 되는데 to be에 딸려있는 to be의 부하가 된다.

to be는 전치사on의 목적어가 된다. on뒤에 명사you가 있지만 이 you는 to be의 부하이므로 전치사on의 목적어가 되지 않고 on의

목적어는 to be가 된다.

(5)의문사 to do는 명사가 갈 수 있는 자리에 다 갈 수 있다.→의문사 to do는 항상 명사이다. 따라서 주어, 목적어, 보어, 전치사의 목적어가 될 수 있다.

①주어   How to study English is important.(어떻게 영어를 공부하는 지가 중요하다)

②목적어 I don't know what to do.

③보어   The problem is when to do it.

④전치사의 목적어

 We talked about when to do it.

(우리는 언제 그것을 해야 하느냐에 관해서 이야기 했다.)

(6) to부정사가 동사에서 파생한 형용사의 목적어가 될 수 있다.

 Don't be afraid to say no. (두려워하지 마라 그것은 말하는 것이다 no라고) afraid가 동사의 뜻을 가지고 있으므로 to부정사가 목적어로 올 수 있다. 동사에서 파생한 형용사는 to부정사를 목적어로 가질 수 있다.

[to부정사의 형용사적 용법]

(1) to do앞의 명사가 do의 주어가 될 경우

☞근데 이 명사가

I have a friend to like me.(나는 가지고 있다 친구를 근데 이 친구가 좋아한다 나를)

a friend를 like의 주어로 번역해본다. "친구가 나를 좋아한다" 이렇게 논리적으로 말이 되면 a friend가 to like의 주어가 된다.

즉, to do 앞의 명사가 to do의 주어로 번역이

되면 이를 to부정사의 형용사적 용법이라고 한다.

(2) to do 앞의 명사가 to do의 목적어로 번역되는 경우

☞근데 이 명사를

I want milk to drink.(나는 원한다 우유를 그 우유를 마실 것이다)

  drink milk(우유를 마시다) 말이 되므로 형용사가 된다.

(3) to do 앞의 명사가 to do 전치사의 목적어가 되는 경우

☞근데 이 명사에

 I want the chair to sit on.

(나는 원한다 이 의자를 그 의자에 앉을 것이다)

sit on the chair(의자위에 앉다) 말이 되므로 형용사가 된다.

(4) to do앞의 명사를 그냥 설명하는 경우:to do 앞의 명사를 설명하는 것으로 마음속으로 말을 만들어보아 맞으면 형용사적 용법이 된다. 보통은 물질명사 또는 추상명사가 된다.

하지만 그 이외의 명사가 와도 되는 경우가 있다.

번역은 **"그 명사로"** 또는 **"그 명사란"**으로 한다.

I have the money to buy the book.(나는 가지고 있다 그 돈을 **그 돈으로** 살 것이다 그 책을)

I have time to study English.(나는 가지고 있다 시간을 **그 시간으로** 공부할 것이다 영어를)

I made a decision to go to Japan.(나는 만들어 가졌다 어떤 결정을 그 결정이란 가는 것이다 그 대상은 일본이다)

(5) 주격보어로 쓰이는 경우(주어가 사람이면 형용사가 된다)

일반 문법책에서는 be to 용법이라고도 한다. to do는 기본적으로 미래의 뜻을 나타내고 또 앞으로 일어날 일을 설명하고 있으므로 형용사가 된다. be to do는 "~하기로 되어 있다" 또는 "~이기로 되어 있다"가 기본뜻인데 이 기본뜻을 예정, 의무, 소원, 추측등의 여러 가지로 번역할 뿐이다. be to do는 오직 한 가지 뜻밖에 없다. "~하기로(이기로) 되어있다"가 유일한 뜻이다.

(예문)

He is to go there.

(그는 있다 그 이유는 가려고 하는 것이다 거기에)

He is to go there. (그는 있다 그 목적은 가는 것이다 거기에)

(예정)to do는 기본적으로 미래의 뜻을 나타낸다. 미래란 바로 예정을 말한다.

He is to go there. (그는 있다 추측하건데 가는 것이다 거기에)

(추측) 미래는 아무도 모른다. 그래서 추측을 하게 된다.

He is to go there. (그는 있다 소원하는 것은 가는 것이다 거기에)

(소원) is는 있다는 뜻이고 to do에서 to는 기준을 나타내는데 이 둘의 뜻을 합하면 기준을 향해서 서있다는 뜻이 된다. 왜 기준을 향해서 서 있는가? 그것은 그 기준까지 가고 싶기 때문이다. 따라서 소원이라는 뜻이 나온다. 만약 누군가가 기준까지 가고 싶다면 그것은 소원을 나타내므로 조건절에 쓰이는 be to do는 소원인 경우가 많다.

If you are to be rich, you must study English. "만약 네가 부자가 되려고 하면 반드시 영어를 공부해야만 한다."

He is to go there. (그는 있다 해야만 하는 것은 가는 것이다 거기에)

(의무)to do에서 to는 기준을 나타낸다. 인간은 그 기준까지 마땅히 도달해야만 한다. 따라서 의무의 뜻을 나타낸다.

 He is to go there. (그는 있다 운명은 가는 것이다 거기에)

(운명) 사람은 누구나 결국은 기준까지 가야만 한다. 그것이 인간의 운명인 것이다. 피할 수없는 운명인 것이다.

[to 부정사의 부사적 용법]

동사, 형용사, 부사 뒤에서 동사, 형용사, 부사를 설명해준다.

1) to부정사가 동사 뒤에 올 경우: 결과, 목적, 조건, 양보, 판단

to부정사는 시간의 순서를 나타낸다.

push to open.(밀어라 그래서 열어라)

이 문장을 "열기 위해서 밀어라"라고 번역하면 안 된다. 거꾸로 번역하면 뜻이 달라진다.

우리가 빌딩 유리문에 보면 가끔 이런 문구를 본다. "push to open" 거꾸로 번역하면 "열기 위해서 밀어라"인데 손님보고 이런 멍청한 안내를 하는 종업원은 없을 것이다. 열기 위해서 밀으라고 하면 손님이 얼마나 기분이 나쁠 것인가 한 번 상상해보자.

당연히 앞에서부터 번역하는 것이 예의 상 옳은 말이다.

(1)결과 ☞그래서, ~해서 ~하다

동작이나 시간의 순서를 나타낸다. 동작이나 시간의 순서는 **결과**를 나타낸다. 보통 과거나 분위기법 과거에서 결과를 나타낸다.

push to open.(밀어라 **그래서** 열어라) (밀어**서** 열어라)

He studied very hard to pass the exam.

(그는 공부했다 매우 열심히 **그래서** 합격했다 시험에)

(그는 공부했다 매우 열심히 **해서** 합격했다 시험에)

If she stopped to think(만약 그녀가 하던 일을 멈추**고** 생각한다면)

(2)목적 ☞그 목적은

①to부정사가 현재시제에 쓰이면 목적을 나타낸다.

He studies very hard to pass the exam.

(그는 공부합니다 매우 열심히 **그 목적은** 합격하는 것입니다 그 시험에)

He is to go there. (그는 상태이다 **그 목적은** 가는 것이다 거기에)

②to부정사가 과거시제에 쓰이면 결과를 나타낸다. ☞**그래서**

He studied very hard to pass the exam.

(그는 공부했다 매우 열심히 **그래서** 합격했다 시험에)

He came to our rescue. (그는 왔다 **그래서** 우리를 구조했다)

과거시제에서 to부정사가 목적을 나타내는 경우 문장을 독해하는 독자를 위해 작가는 목적임을 분명히 나타내고자 in order to를 사용 한다.He studied very hard in order to pass the exam. (그는 공부했다 매우 열심히 **목적하는 바는** 합격하는 것이다 그 시험에)

과거시제일 때 오해 없이 목적을 나타내려면 in order to do를 사용한다. in order to, so as to의 번역은 "☞**목적하는 바는**"이다.

문맥에 따라 in order to do를 사용하지 않고도 목적을 나타내는 경우도 분명히 있다.

(3)조건 ☞**만약~한다면**

Jane will be punished to do like that.

(제인은 벌 받을 것이다 만약 한다면 그렇게)

(4)양보 ☞**비록~한다해도**

He would not believe you to explain the truth.

(그는 믿으려고 하지 않을 것이다 너를 비록 설명한다해도 그 사실을)

(5)판단 ☞**무엇 보니, 무엇할 정도로**

She presumed to blame me.

(그녀는 주제넘었다 무엇할 정도로 비난할 정도로 나를)

2) to부정사가 형용사 뒤에 올 경우

형용사의 상태를 설명해준다.

(1)감정 형용사 뒤에 오는 경우

①현재시제 조동사가 있는 경우: ☞**만약~한다면**

I would be pleased to meet her.
(나는 기쁠 것이다 만약 만난다면 그녀를.)
② 그 이외 동사가 있는 경우:☞**그 이유는**
　I am happy to meet her. (나는 상태이다 행복한 **그 이유는**
만났기 때문이다 그녀를)
　to 부정사가 다양한 번역이 가능한 이유는 기본적으로 미래를 나타
내기 때문이다. 미래는 어떠한 일이 생길지 모르기 때문이다.

(2) to부정사가 일반형용사 뒤에 오는 경우 ☞무엇하기에
☞**무엇을 하다니, ☞무엇을 보니**
　English is easy to learn.
　(영어는 상태이다 쉬운 **무엇하기에** 배우기에)
The mountain is hard to climb.
(이 산은 상태이다 힘든 **무엇하기에** 오르기에)
It's very cold to take a walk.(매우 춥다 **무엇하기에** 산책하기에)
They are struggling to cope with an invasion of flogs.
(그들은 고전하고 있는 중이다 **무엇하기에** 대처하는 것은 침입이다
개구리의)
He is too busy to take a break.
(그는 상태이다 지나치게 바쁜 **무엇하기에** 휴식하기에)
이 문장은 우리가 흔히 알고 있는 too~to용법이 아니다. 그냥 순서
대로 번역하면 된다.
이 문장을 "그는 너무 바빠서 휴식을 취할 수 없다"로 번역하면
오번역이다.
Jane must be brave to catch a thief.
(제인은 틀림없이 용감하다 **무엇을 하다니** 잡은 것 도둑을)

She can not be honest to say so.
(그녀는 정직할 리가 없다 **무엇을 보니** 말하는 것 그렇게)

[to 부정사의 주어]

to부정사의 주어는 문맥상 명백하면 생략합니다.

I want to take a walk. to take a walk의 주어는 문장의 주어인 I 와 같으므로 생략하였습니다. 문맥상 명백하지 않으면 to부정사의 주어를 밝혀줍니다.

1)to 부정사의 주어는 "for 목적격"을 쓴다.

to부정사의 주어는 to부정사 앞에 목적격을 쓰면 되는데 이 경우 문장 내의 주어나 목적어등과 혼동될 염려가 있어서 "for 목적격"을 사용한다.

 to do는 개별적이고 구체적인 행위를 나타낼 때 사용한다. for는 입장, 경우를 나타낼 때 사용된다. 입장, 경우란 개인마다 다 다르다는 뜻이다. 따라서 to 부정사의 의미상의 주어는 "for 목적격"을 쓴다.

It is easy for you to study English. (그것은 쉽다. 네가 공부하는 것 영어를)

→네가 영어를 공부하는 것은 쉽다. for you는 to study의 주어가 되면서 앞에 있는 형용사와도 연결된다. for를 쓴 것은

It is easy에서 easy가 누구의 입장, 경우에 쉽다는 뜻이냐를 설명하기 위해 for를 쓴 것이다. "쉬운데(easy)"가 너의 입장, 경우에 쉽다는 뜻이 된다. 결국 "for 목적격"은 to부정사의 의미상의 주어이면서 to 부정사 앞의 형용사의 뜻과 연결된다.

For Jane to study English, she should buy a English book.
(제인의 경우에 그 목적은 공부하는 것이다 영어를, 그녀는 당연히 사야한다 영어 책을)

제인의 경우에만 영어를 공부하기 위해 책을 당연히 사야 한다는 것이지 모든 사람이 그렇다는 것은 아니다.

For Suji to study English, she does not need to buy a English book.

수지의 경우에는 영어를 공부하기 위해 책을 살 필요가 없다는 뜻이다.

It is possible for him to pass the exam.

(그것은 가능한 상태이다 그가 할 것은 합격하는 것이다 그 시험에)

그것은 가능한데 그 가능한 것은 그의 입장, 경우에만 가능하다는 것이지 다른 사람들에게는 가능하지 않을 수 있다는 뜻이 들어있다.

(주의)

to부정사의 주어는 for를 사용하는데 for대신에 of를 사용하는 경우가 있다고 하는데 틀린 말이다. It is 형용사 of to 부정사 구문에서 형용사가 감정이나 지성을 나타낼 경우 for 대신에 of를 사용한다는 것은 전치사를 전혀 이해 못한 엉터리 일본식 영어이다.

It is kind of you to do so for me.

(그것은 친절하다 당신이 그것을 한 것은 나를 위해)

그것은 친절한데 그 친절함의 소속은 당신이란 뜻이다. 이 문장은 원래 It is kind to do so for me.인데 to do의 주어는 앞, 뒤 문맥상 누구인지 알 수 있으므로 생략되었다. 생각해보라 이 문장의 앞, 뒤를 보거나 아니면 마주 보고 말하는 사람이 꺼벙하게 주어를 꼬박꼬박 넣으면서 말하거나 글을 쓰겠는가?? 그럼 왜 도대체 of you를 to do앞에 넣은 것인가? 그것은 이 문장을 말하는 사람의 감정이 실려 있는데 "당신이 나를 위해 그렇게 한 것은 친절한 일인데 이 친절은 당신에게 속해 있는 것이다.

즉, 이 친절은 당신에게서부터 나온 것이다는 뜻이다.

A of B에서 A는 B로부터 나온 것이고 이 A와 B는 떼려야 뗄 수 없는 불가분의 관계에 있으므로 이렇게 매우 긴밀한 관계의 of는 소속의 뜻을 갖는다. 즉, to do의 주어는 of you가 아니고 생략된 you이다. 여기서의 of you는 kind가 당신에게 소속되어 있다는 것을 나타내는 것에 불과한다. of you가 오히려 kind의 의미상의 주어가 된다.

 It is stupid of you not to study English.
(그것은 멍청한 상태이다 네가 안하는 것 공부하기 영어를)
당신이 영어 공부를 안 하는 것은 멍청한데 그 멍청함은 당신에게 속해 있다는 뜻이다.
무슨 뜻인가??? 멍청함이 당신에게 속해있고 이 멍청함은 당신과 떼래야 뗄 수 없을 정도로 밀접한 관계에 있다는 말인데 이 말의 속 뜻은 당신은 진짜 멍청이란 뜻이다. 빨리 잠에서 깨어나서 영어를 공부하란 뜻이 되겠지요.

It was foolish of him to go with his dog.
(그것은 멍청했다 그 멍청함은 그에게 소속되어있다. 그가 간 것은 함께 한 것은 그의 개다)
만약, 이 문장에서 of him대신에 for him이 사용되었다면 어떤 뜻일까?

It was foolish for him to go with his dog.
(그것은 멍청했다 그의 입장, 경우에 그가 간 것은 함께 한 것은 그의 개다)
그의 개와 함께 간 것이 그의 입장, 경우에는 멍청했다는 뜻인데 논리상 말이 되는가?
멍청하다는 것은 입장, 경우에 따라 달라지는 것이 아니라 그 사람의 지적능력, 즉, 그에게 소속되어있는 성질이라고 볼 수 있기 때문에

for를 안 쓰고 of를 썼다.

You can count on me to make sure everything runs smoothly.
(넌 믿을 수 있다 내가 확실하게 하는 것을 모든 것이 잘 된다
부드럽게) 준동사(to부정사) 앞의 명사가 준동사의 주어가 된다.
원래 이 문장은 count on for me to make sure에서
for가 생략되었다.
2)to 부정사의 주어는 앞, 뒤 문맥상 to부정사의 주어가 누구인지
명백한 경우에 한해서 생략할 수 있다.
It is easy to study English. 이 문장에서 to study의 주어가 없는
데 이 경우 일반적인 주어일 경우에만 생략하는 것이 아니라
앞, 뒤 문장에서 to study의 주어가 누구인지 명백할 때만 생략하는
것이다.
따라서 이 문장은 It is easy **for people** to study English.도 되고
It is easy **for him** to study English.도 되고
It is easy **for her** to study English.도 된다.
따라서 주어가 일반적인 사람을 나타낼 때만 생략할 수 있다고 생각
하면 안 된다.

[to 부정사의 부정]

to 부정사 앞에 부정어(not, never, little...)를 둔다.

It is stupid of you not to study English.

(그것은 멍청한 상태이다 네가 안하는 것 공부하기 영어를)

I want not to go to your home.

(나는 원하지 않는다 그것은 가는 것이다 너의 집에)

I want never to go to your home.

(나는 원하지 절대로 않는다 그것은 가는 것이다 너의 집에)

My effort not to fail the exam didn't work.

(나의 노력 아니하려고 하는 그것은 실패하는 것이다 그 시험에 효과가 없었다)

③ to 부정사를 꾸며주는 부사의 위치

My mother wants me to cheerfully study English. (어머니는 내가 즐겁게 영어를

공부할 것을 원하신다.) 부사가 동사 앞에 있으므로 객관적이고 일반적이므로 항상 이란 뜻이 된다. 영어공부를 할 때면 항상 즐겁게 공부하란 뜻이다.

[to 부정사의 시제]

1)본동사가 현재 또는 과거 **상태**를 나타내는 경우
 to부정사는 본동사보다 한 시제 전(선과거)를 나타낸다.
 I was surprised to see the movie star.
(나는 상태였다 놀란 그 이유는 봤기 때문이다 그 영화 스타배우를)
본동사를 과거로 번역하고 to부정사는 선과거(일명 대과거)로 번역해
준다.
이 때의 과거시제는 순서대로 일어난 것을 말하는데 to see가 먼저
발생했고 그 다음에 was surprised가 일어났다.

 I am surprised to see the movie star.
(나는 상태이다 놀란 그 이유는 봤기 때문이다 그 영화 스타배우를)
본동사를 현재로 번역하고 to 부정사는 과거로 번역한다..

2) to have+ pp는 본동사보다 한 시제 전을 나타낸다.
 An immense meteorite is believed **to have crashed** to Earth
65 million years ago, wiping out the dinosaurs. (거대 운석이 믿
어지고 있다 이전에 충돌했다 충돌해서 만난 대상은 지구이다
6천5백만년 전에, 그래서 없애버렸다고 모든 공룡들을) the는 전체를
나타낸다. have+ pp는 "이전에 "로 번역한다.

I am surprised to have seen the movie star.
(나는 상태이다 놀란 그 이유는 **진짜로** 봤기 때문이다 그 영화 스타
배우를)
본동사를 현재로 번역하고 to have+ pp는 한 시제 전 과거로 번역한

다.

이 문장은 "I am surprised to see the movie star.에서 to see대신에 to have seen을 쓴 것인데 이 두 문장의 차이점은 강조냐 아니냐의 차이이다.

to have seen the movie star는 to see를 강조한 것이다.

3)미래시제를 나타낸다.

He is sure to succeed.(그는 틀림없이 성공할 것이다.)

to do가 미래를 나타내므로 추측의 미래가 된다. be sure to do는 "틀림없이 ~하다"로 번역한다.

6. to 부정사가 준동사 구문으로 문장 맨 앞에 올 경우

1)목적

To paly a game, he did his homework.

(목적인 게임을 위해, 그는 했다 그의 숙제를)

2)조건

to 부정사가 조건을 나타낼 때는 보통 주절에 조동사가 나온다.

To do it again, you **will** be punished.

(만약 한다면 이것을 다시, 너는 추측컨대 벌 받을 것이다)

그것을 다시 하면 그것 때문에 너는 벌받을 것이다는 뜻이다.

[~ing]

~ing도 크게 동명사, 동형용사, 동부사로 나눌 수 있다.

[~ing의 일반사항]

1. ~ing의 시제

1)"(과거에) 이미 시작해서 현재 ~하고 있는 중"이다.

 It started raining.(이미 비가 오기 시작하는 중이었다)

➜이미 비가 오기 시작해서 현재 비가 오고 있는 중이다.

2)이미 시작됐다는 것은 현재의 상태를 나타낸다.

 I am wearing pants. (나는 입고 있는 상태다바지를)

(caution) I am putting on my pants.(나는 바지를 입는 중이다)

3)미래시제를 나타낼 수 있다.

 It looks like raining. (비가 내릴 것처럼 보인다)

 ~ing는 과거, 현재, 미래를 다 나타낼 수 있으므로 문맥의 앞, 뒤에 따라 미래시제로도 번역할 수 있다.

(비교)It looks like raining.(비가 내리고 있는 것처럼 보인다) ~ing 은 과거부터 현재까지 계속되고 있는 시제도 나타낼 수 있다.

4)동작이 과거의 어느 시점까지 계속되었고 현재는 그 동작이 멈춘 시제를 말한다.

It has been snowing for 30 minutes.([조금 전까지] 눈이 30분 동안 계속 내리고 있는 중이었다) ➜이 문장을 말하고 있는 이 시점에는 눈이 내리지 않는다.

5)객관적으로 일어날 가능성이 높을 때 be ~ing을 사용한다.

The ice wall is going to crash. (빙벽은 일어날 것이다 붕괴하는 것.) 빙벽에 금이 많이 가 있는 것을 보고 이 문장을 말할 수 있다.

(비교) I **will** meet my girl friend in 5 years. (나는 만날 것이다

내 여자 친구를 그 기간은 5년 후)in은 꽉 찬 바로 후를 말한다.

(의지)

I **will** meet my girl friend in 5 years. (나는 만나게 될 거야 내 여자 친구를 그 기간은 5년 후) (추측)

I **am meeting** my girl friend in 5 years.

(나는 만날 거야 여자 친구를 그 기간은 5년 후)

➡미리 세워 놓은 계획 ➡ 가능성은 95%이상이다.

will보다는 가능성이 매우 높음.

I **meet** my girl friend in 5 years. (나는 만날 거야 여자 친구를 그 기간은 5년 후)

➡ 확실한 미래 ➡확실한 미래는 현재 시제를 사용한다. 현재시제는 100%를 말한다.

가능성 정도: 현재>~ing>will

6)습관, 직업을 나타낸다. 습관이란 과거에도 그렇고 현재도 그렇고 미래도 그러하다는 뜻이다. 직업도 과거에도 그렇고 현재도 그렇고 미래도 그러하므로 직업에 ~ing을 쓸 수 있다.

He is playing a guitar.(그는 기타 연주가 취미다) 문맥에 따라 "그는 기타연주가 직업이다"라고 할 수 있다.

7)동사를 강조한다.

(1)현재시제를 강조한다. ➡현재시제는 과거부터 그랬고 지금도 그러하며 미래도 그러할 것이다는 뜻이므로 과거에도 그랬고 지금도 그러하고 미래도 그러할 것이다는 것을 강조하고 있다)

Do you love me? Yes, I love you.(과거부터 너를 사랑했고 지금도 너를 사랑하고 있고 미래에도 너를 사랑할 거야)

Are you serious?(진심이야?) Yes, I am loving you.(너를 진짜로 사랑하고 있어)

(2)과거에는 어떨지 몰라도 말하고 있는 현재시점은 그렇다는 뜻임.

→현재시제를 강조하는 것은 아니다

Do you love me? Yes, I'm loving you.(과거에는 어떨지 몰랐어도 현재 지금은 너를 사랑해)

8)이미 정해놓은 미래의 계획을 말한다. 가까운 미래이든 먼 미래이든 상관없다.

I am meeting my girl friend in 5 years.(나는 상태이다 만날 것이다 내 여자 친구를 그 기간은 5년 후)5년이 지난 바로 후를 말한다.

9)과거의 경험 He tried drinking the medicine.(그는 노력했다 마시는 것을 그 약을)ing이므로 여러 번 마시는 것을 시도했다는 뜻이다.

2. ~ing의 뜻

~ing는 능동의 뜻으로 "~을 주는"의 뜻이다.

The cartoon is boring.(그 만화는 지겨움을 주고 있는 중이다)

~ing에는 타동사의 ~ing와 자동사의 ~ing가 있다.

①타동사의 ~ing: 목적어를 필요로 하는 ~ing이다. He is throwing a ball.

②자동사의 ~ing: 자동사에는 능동 자동사와 수동 자동사가 있다.

능동 자동사의 ~ing: "~을 주는 "The cartoon is boring.

수동 자동사의 ~ing:This book is selling.(이 책은 팔리는 중이다)

(주의) 사람의 감정은 수동 자동사의 pp로 나타낸다. 사람의 감정은 외부의 원인을 보고나 받아서 발생하기 때문이다. 이때 사용하는 동사는 타동사의 pp가 아닌 수동의 뜻을 가지는 수동자동사의 pp이다.

Everyone was surprised at his wonderful work. (모든 사람이 그의 놀라운 작품을 보고 놀랐다) 여기에서 surprised는 타동사의 pp가 아니고 수동자동사의 pp이다. 이 문장에서

문장 뒤에 by가 생략된 것이 아니고 원래부터 by가 없는 것이다. 왜

냐하면, 타동사의 수동태가 아니기 때문이다. 우리는 여기서 수동태를 재정의할 필요가 있다. 일반적으로 수동태라하면 다른 행위자의 동작을 받는 것을 말하지만 다른 한편으로는 어떤 외부의
원인을 받는 것도 수동이라고 할 수 있다.
Everyone was surprised at his wonderful work. 이 문장에서는 주어가 그의 뛰어난 작품을 보고서 놀랐기 때문에 어떤 외부의 원인을 받는 수동이 된다. 어떤 외부의 원인을 받는 수동은 번역을
"~당했다", "~받았다"는 등으로 번역하지 않고 한글 번역 상 그냥
"~했다"로 번역한다.

2. ~ing의 주어
1)동명사는 일종의 명사이고 명사 앞에는 소유격이 올 수 있으므로
~ing의 주어는 원칙적으로 소유격이 된다. 소유격이 없는 단어나
소유격을 붙일 수 없는 경우 그냥 그 단어를 쓴다. 동명사의 주어는
소유격으로 번역하지 말고 주어로 번역해야 한다.
동명사가 동사에서 파생된 것이고 동사의 주어는 소유격으로 바뀐
것이므로 원래대로 번역을 해줘야 한다.
Excuse **my** being late.(O) (용서해주세요 내가 늦은 것을) (O)
(나의 늦은 것을 용서해주세요)(X)
Excuse **me** being late.(X)
He succeeded in his solving the problem. (그는 성공했다 그 분야는 그가 해결하는데 있다 그 문제를)(O) ➡주어가 같으면 생략해서 번역한다.
(그는 성공했다 그 분야는 해결하는데 있다 그 문제를)
(그는 성공했다 그의 문제를 푸는데)(X)
There is no objection to **both** of them going there. (거기에는

어떠한 반대로 없다 반대가 없는 것이 적용되는 대상은 양쪽의 그들이 가는 것이다 거기에) to는 적용되는 대상을 나타낸다.

→both의 소유격은 없을 뿐만 아니라 동명사 going과 거리가 떨어져 있으므로 소유격으로 쓰지 않았다.

We were glad of **the exam** being over. (우리는 기뻐했다 그 시험이 끝난 것을)

→exam의 소유격이 없어서 그냥 exam을 썼다. 형용사가 목적어를 가질 경우 of를 쓴다.

of가 형용사의 목적어로 될 경우는 번역을 하지 않는다.

solar system's passing through a cloud of dust and gas(태양계가 지나 간다 통과하는 것은 구름인데 이 구름의 재료는 먼지와 가스이다)→solar system은 소유격이 없지만 의인화했을 경우 소유격을 쓸 수 있다.

(결론)동명사의 주어는 소유격이나 그냥 일반 단어가 올 수 있으며 이 때의 번역은 동명사는 동사로 소유격은 주어로 번역한다. .

2)주어와 동명사의 주어가 같지 않을 때 동명사를 쓴다.

The tree needs to be cut. (그 나무는 필요로 한다 앞으로 일어날 일은 잘라지는 것) to be cut의 주어는 The tree이다.

→to부정사의 주어와 본동사의 주어가 같을 경우 to부정사의 주어는 생략한다.

The tree needs cutting. (그 나무는 필요로 한다 사람들이 자를 필요가.) cutting의 주어는 The tree가 아니라 일반사람이다. 일반인이 주어일 경우는 생략할 수 있다.

→~ing의 주어와 문장의 주어는 다를 수 있다.

He deserves praising. (그는 받을 만하다 사람들이 칭찬하는 것을) praising의 주어는 people이다.

=He deserves people's praising. 주어와 ~ing의 주어가 다르다. ~ing의 주어는 문맥의 앞, 뒤를 보면 충분히 알 수 있다.

Many people don't favor building nuclear power plant.(많은 사람들은 선호하지 않는다 건설하는 것을 핵발전소를) building의 주어는 many people이 아니라 정부(Government)가 된다. 문맥의 앞, 뒤를 보면 주어를 알 수가 있다.

3)동명사 앞에 소유격이 올 경우 동명사의 주어가 되는 경우도 있지만 명사의 소유격처럼 소유격으로 번역해야 하는 경우도 있다.

 by their loving authority(그들의 애정어린 권위) 또는 주어로 번역할 수도 있다. by their loving authority(방법은 그들이 좋아하는 권위)

3. ~ing의 추상명사

이 추상명사에는 여전히 동명사의 뜻이 들어있다. 즉, 동사에서 파생한 추상명사는 동사로 번역해야한다.

1)동명사와 추상명사가 있을 경우 추상명사가 우선한다. ➡영어는 명사 중심언어이다.

동명사보다는 아무래도 추상명사가 더 명사답다.

a matter of debating와 a matter of debate(토론의 문제)에서 우선적으로 써야 할 것은 a matter of debate이다.

2)동명사가 추상명사화 되어도 여전히 동명사의 뜻이 들어있다.

I am aware of his honest. (나는 알고 있다 그가 정직하다는 것을) honest를 동사처럼 번역한다.

the teacher's arrival at the station (선생님이 도착했다 정확한 위치는 그 역에)

Tom's election by the committee (탐이 선출되었다 행위의 주체는

위원회)

4. ~ing의 부정

동명사 앞에 부정어(never나 not)를 쓰면 된다.

not은 "~이 아니다"의 뜻이다.

He insisted on not going there. (그는 주장했다 집중한 것은 가지 않는 것이다 거기에)

(주의)There is no 동명사: no의 번역 ➡ "어떠한 것도 없다. 그것은 동명사이다."

There is는 "거기에는 있다"의 뜻이고 no는 "어떠한 ~도 없다"의 뜻이므로 둘이 잘 어울린다. 따라서 There is 구문에는 not대신에 no를 써야 한다.

There is no telling you the truth. (거기에는 어떠한 것도 없다 그것은 말해주는 것이다 너에게 그 진실을)

5. ~ing와 to do와의 비교

1) ~ing는 과거, 현재, 미래를 모두 포함한다. to do는 기본적으로는 미래를 나타낸다.

I like swimming. (나는 수영하는 것을 좋아한다) 과거에도 수영을 했고 현재도 하고 있고 미래도 할 것이다란 뜻임. I like to swim. (나는 하고 싶다 수영을) 과거에 수영을 했는지 안 했는지 알 수 없다. 단지 지금 수영을 하고 싶다는 뜻임.

2) ~ing는 과거사실, to do는 미래를 나타낸다.

My calling made her angry. (내가 전화한 것이 만들었다 그녀를 화난 상태로) 소유격을 주어로 번역한다.

To call Jane can make her angry. (전화를 거는 것 제인에게 그것은 할 수 있다 만든다 그녀로 하여금 화난상태로.)

I remember meeting you. (나는 기억하고 있다 만난 것을 너를)
I remember to meet you. (나는 기억하고 있다 앞으로 일어날 일은 만나는 것이라는 것을 너를)
Nice to meet you.(만나서 반가워)
to부정사는 지금부터 미래를 나타내는데 사람을 만나면 지금부터 만나는 것이므로 "만나서 반가워"가 된다.
Nice meeting you.(만나서 반가웠어)
이야기를 마치고 헤어질 때 하는 말이다.
~ing는 과거부터 지금까지 만나는 것이므로 과거에 만나서
지금 헤어질 때 쓸 수 있다.
I prefer to stay at this house.
(난 더 선호해 머무르는 것을 정확한 위치는 이 집)
이 집에 머무른 경험 없이 이 집에 머무는 것이 더 좋다는 뜻이다.
I prefer staying at this house.
(난 더 선호해 머무르는 것을 정확한 위치는 이 집)
이 집에 머물러 보았던 경험이 있어서 계속 이 집에 머물고 싶다는 뜻이다.
I tried to plant this flower.
(나는 노력했다 심으려고 이 꽃을) 못 심었다는 뜻이다.
I tried planting this flower.
(나는 노력했다 계속해서 심으려고 이 꽃을)
~ing가 과거를 나타내므로 꽃을 여러 번 심었다는 뜻이다.
여러 번 심어봤는데 꽃이 계속 죽었다는 뜻이다.
3) 동명사는 추상명사이고 일반명사이다. 일반명사라고 하는 것은 일반인이면 누구나 할 수 있는 것을 말한다. ~ing는 일반적이며 누구에게나 적용할 수 있다.

Teaching English is difficult.(영어를 가르치는 것은 어렵다)➡누구나 영어를 가르치는 것은 어렵다는 뜻이다. (비교) to부정사는 구체적이며 개별적이며 적극적이고 미래지향적이다.

For you to teach English is difficult.(네가 영어를 가르치는 것은 어렵다)

~ing는 일반사람의 행위 바꿔 말하면 일반적인 행위를 말한다. to do는 특정인의 행위를 말한다.

Playing the guitar is easy. (기타를 치는 것은 쉽다) 일반인이라면 누구나 기타를 치는 것은 쉽다는 뜻이 된다. =It is easy people's playing the guitar.

To play the guitar is easy. (내가 기타를 치는 것은 쉽다) 이 문장을 말하는 사람 즉 화자의 행위를 말한다. =It is easy for me to play the guitar. to부정사의 주어가 없으면 화자가 주어가 다.

I have to work hard to live.(O) (나는 해야만 한다 일을 열심히 그 목적은 사는 것이다.)

I have to work hard for living.(X) 내가 살기 위해서 열심히 일을 해야 하므로 특정인의 행위가 나와야 한다. 내가 살아야만 하는데 남의 일 보듯이 말하면 어색한 표현이 된다.

for living은 나의 삶을 꼭 남의 일처럼 말하는 것이 된다.

4) to 부정사는 경험을 해보지 않았지만 ~ing는 경험을 많이 해봤다.

To climb the mountain is not dangerous.
(오르는 것 저 산을 그것은 위험하지 않다)
➡저 산을 올라본 경험이 없는 사람이 말하고 있다.
Climbing the mountain is not dangerous.
(오르는 것 저 산을 그것은 위험하지 않다)

→저 산을 올라본 경험이 있는 사람이 말하고 있다.

5) to do를 목적어로 하는 동사, ~ing를 목적어로 하는 동사

(1)to do를 목적어로 하는 동사

to 부정사가 미래를 나타내고 또 적극성을 나타내므로 이렇게 미래 지향적이고 적극성을 나타내는 동사는 to부정사를 목적어로 취한다.

want to do, hope to do, decide to do, wish to do, promise to do(약속하는 것은 미래이므로 to부정사를 목적어로 취한다)

(2)~ing를 목적어로 하는 동사

①과거, 현재, 미래를 모두 한 번에 나타내는 동사 즉 반복동사는 동명사를 목적어로 취한다.

He practices painting. (그는 연습한다 그림 그리는 것을)그림 그리는 동작을 과거에도 했고 현재도 하고 있으며

미래도 할 것이므로 ~ing을 썼다.

②실현하기 힘들거나 막연할 때 사용한다. 왜냐하면 동명사는 추상명사이기 때문인데 추상명사란 그냥 글자 그대로 막연한 것을 나타낸다.

postpone ~ing 연기한다는 것은 실현하기 힘들기 때문이므로 ~ing를 쓴다.

consider ~ing 실현하기 힘들기 때문에 심사숙고하므로 ~ing를 쓴다.

imagine ~ing 상상한다는 것은 막연하다.

③중단이나 완료를 나타내는 동사는 ~ing을 목적어로 취한다.

~ing는 이미 동작이 시작되어 현재도 지속되고 미래도 계속될 것을 나타내는데, 중단이나 완료는 모두 과거부터 현재, 미래까지 주~욱 계속되는 동사에 한해서 중단시키고 완료하는 것이므로 그런 동사는 ~ing을 목적어로 취한다. quit ~ing, stop ~ing, finish~ing

④소극적이고 과거를 나타내는 동사는 ~ing을 목적어로 취한다.
recall ~ing(과거의 동작을 기억해내다)

6. 동명사의 시제

1)동명사는 본동사와 동시동작을 나타낸다. 왜냐하면 ~ing은 과거에도 그러했고 현재도 그러하며 미래도 그럴 것이기 때문에 본동사와 동시동작을 나타낸다.

He is proud of being rich. (그는 자랑스러워하고 있다 부유한 것을) 자랑스러워하는 는 것과 부자인 것이 동시에 일어나고 있다.

=He is proud that he is rich. 동사에서 파생한 형용사는 목적어를 가질 수 있다.일반 명사를 목적어로 가질 때에는 of를 사용하며 절을 목적어로 가질 때에는 that을 쓴다.

He is proud에서 본동사 시제가 현재이므로 being rich의 시제도 현재가 된다.

Seeing her made him happy at that time. (보는 것 그녀를 그것이 만들었다 그를 행복한 상태로 그 당시에) Seeing과 made가 동시에 발생하고 있다.

2)동명사는 본동사보다 한 시제 전을 나타낸다. 왜냐하면 ~ing는 과거부터 미래까지 다 나타낼 수 있으므로 문맥의 앞, 뒤를 볼 대 과거를 나타내는 것이 확실하면 과거로 번역할 수 있다.

Seeing her made him happy. (본 것 그녀를 그것이 만들었다 그를 행복한 상태로)

They started bulldozing the field.(그들은 시작했다 미는 것을 그 들판을)

(정리)동명사는 본동사의 시제와 동시 동작이거나 한 시제 전을 나타낸다.

3)동명사는 과거를 나타낸다.

solar system's passing through a cloud of dust and gas (태양계
가 지나면서 통과한 것은 구름인데 이 구름이 갖고 있는 것은
먼지와 가스이다)

[동명사]

~ing가 명사의 자리에 있으면 동명사라고 한다.

명사가 갈 수 있는 위치(주어, 목적어, 보어, 전치사의 목적어)에 전부 갈 수 있다.

1)주어: 은/는, 이, 가

Seeing is believing. (보는 것이 상태이다 믿는 것)

2)목적어 I like swimming. (나는 좋아한다 수영하는 것을 .)

3)보어

(1)주격보어 My hobby is collecting stamps. (나의 취미는 모으는 것이다 우표를)

(2)목적격보어 We call such an act cheating.

(우리는 부른다 그런 행동을 컨닝이라고)

과거에서 컨닝이라고 불렀고 현재도 컨닝이라고 부르고 있고 미래에도 컨닝이라고 부를 것이므로 ~ing을 썼다.

4)전치사의 목적어

It looks like rainning. (비가 내릴 것처럼 보인다)

~ing는 과거, 현재, 미래를 다 나타낼 수 있으므로 문맥의 앞, 뒤에 따라 미래시제로도 번역할 수 있다.

It looks like rainning(비가 내리고 있는 것처럼 보인다) ~ing은 과거부터 현재까지 계속되고 있는 시제도 나타낼 수 있다.

[동형용사]

~ing가 형용사 위치에 있을 경우 동형용사라고 한다.

형용사의 위치는 명사 앞 또는 명사 뒤다.

1. 명사 앞에서 꾸며주는 경우

1)능동 자동사가 명사를 앞에서 꾸며주는 경우

a **sleeping** baby (잠자고 있는 아기) "잠자고 있는 아기" 말이 되므로 "잠자고 있는 아기"로 번역한다.

~ing는 "이미 ~하고 있는"의 뜻을 갖고 있다.

a sleeping car (침대 카) "잠자고 있는 자동차" 말이 안 되므로 "~용도"로 번역한다

"잠자는 용도의 자동차" 만약 a sleeping car가 동화책에서 나온다면 "잠자고 있는 자동차"란 번역이 맞을 수도 있음을 알아야 한다. 결국 ~ing가 명사 앞에서 꾸며주면 "이미~하고 있는 " 또는 "~용도의 명사"가 된다. ~ing번역시 "이미~하고 있는"처럼 "이미"를 마음속으로 넣어서 번역하면 ~ing의 참 뜻이 마음속에 충분히 잘 스며들 수 있다.

2)수동자동사가 명사를 앞에서 꾸며주는 경우

a very well **selling** book(어떤 매우 잘 팔리는 책) selling를 "팔리고 있는"의 수동태로 번역한다.

3)타동사가 명사를 앞에서 꾸며주는 경우

이 경우 타동사의 목적어가 ~ing앞에 나온다.

moisture **containing** stone (습기를 함유하고 있는 돌) moisture는 containing의 목적어이고 containing은 stone을 앞에서 꾸며준다.

price-**setting** system(가격을 결정하는 체제)

price가 setting의 목적어고 setting은 system을 꾸며주는 동형용사다.

2. 명사 뒤에서 명사를 설명하는 경우

~ing가 명사 뒤에서 명사를 설명하려면 ~ing앞의 명사가 ~ing의 주어로 번역되어야 한다.

1)타동사 ~ing가 목적어를 가지는 타동사

She is the woman wearing glasses.

(그녀가 [내가 말한]그녀인데 근데 그녀는 안경을 쓰고 있다.)

the woman이 wearing의 주어로 번역된다.

wearing은 목적어 glasses를 취한다.

~ing가 명사를 목적어로 취한다. ~ing는 동사에서 파생한 단어이므로 동사가 가지고 다닐 수 있는 쫄병들을 다 가지고 다닐 수 있다. 여기서 쫄병이란 주어, 목적어, 보어, 형용사, 부사를 말한다.

Look at the man reading a book.(봐라 저 남자를 근데 그 남자가 읽고 있다 어떤 책을) reading의 목적어는 a book이고 the man을 설명하고 있다.

2)~ing가 능동자동사일 경우

The people living in this town are all kind.

(이 사람들은 살고 있는 중이다 이 마을에 근데 이 사람들은 완전히 친절하다. the people이 living의 주어로 번역된다.

➡(이 마을에 살고 있는 그 사람들은 모두 친절하다)(X)

➡all이 형용사 kind를 꾸며주고 있으므로 all은 kind를 꾸며주는 부사이지 the people을 꾸며주는 형용사가 아니다.

all new(완전히 새로운)처럼 all kind는 "완전히 친절한"의 뜻이다.

3)~ing가 수동자동사일 경우

There is a book selling well.

(거기에는 있다 어떤 책이 그 책이 팔리고 있는 중이다 잘)

2005년 23번 수능

Like all other industries, the rose business must adopt/ **adapt** to changing conditions in the marketplace. (비슷한 것은 모든 다른 산업들인데, 장미산업은 반드시 적용되어야 한다 적용되어야 하는 기준은 변화하는 여러 조건들이고 그 여러 조건들이 위치하는 내부하는 시장이다)

adapt가 정답이다. changing conditions에서 changing은 conditions를 앞에서 꾸며주는 형용사이고 adapt는 "적응되다"라는 자동사이다. 자동사는 능동의 뜻도 있지만 수동의 뜻으로 번역되는 경우도 많다.

[동부사]

1. ~ing가 형용사 앞에서 형용사를 꾸며주는 경우

~ing가 형용사를 꾸며주는 부사가 되면 번역은"~하듯이"
또는 "~할 정도로"가 된다.

It is **boiling** hot today. (오늘은 끓는 듯이 덥다)

➜boiling은 hot을 꾸며주는 부사

Tom is **shocking** rich. (탐은 놀라울 정도로 부자다)

➜shocking은 rich를 꾸며주는 부사

2. ~ing가 주절의 앞에서 쓰일 경우

(가) 동사가 일회성 동작일 경우

①조건

~ing가 일회성 동작이면 "조건"를 나타내거나 "때"을 나타낸다.
일회성 동작이 "조건" 또는 "때"을 나타내는 이유는 "때"는
일회성 동작을 나타내고 조건 또한 일반적으로 일회성 동작을
나타내기 때문이다.

Turning on the left, you can find the store.

(만약 돈다면 면으로 만나는 대상은 왼쪽이고, 너는 발견할 수 있다
그 가게를)➜면으로 만나므로 입체를 갖고 있는 건물 등을 말한다.

주절에 조동사가 오면 동부사는 조건으로 번역된다.

주어가 같으면 생략한다.

"접속사+ 주어+ 동사, 주어+ 동사"에서 종속절의 주어와 주절의
주어가 같으면 종속절의 주어를 생략하고 접속사도 생략하고
동사를 ~ing로 바꾼다. 이 때 주어가 일반적인 주어이면
종속절의 주어와 주절의 주어가 다르다 하더라도 종속절의

주어를 생략할 수 있다.

If you turn on the left=**Turning** on the left
Marking the Nepal-Tibet border,
Everest looms as a three-sided pyramid.
(표시해보면 네팔과 티벳의 경계를, 에베레스트가 어렴풋이 나타난다 무엇으로서 삼면을 가진 피라미드로서)
If you make the Nepal-Tibet border,
Everest looms as a three-sided pyramid.
일반적인 주어(you)이므로 생략가능하다. 일반적인 주어란 보통사람들을 말한다.
②때(when)
일회성 동작일 경우 때를 나타낸다.
Coming back, I found my book stolen. (돌아왔을 때, 나는 알았다 내 책이 도난당한 것을)
③~후에(after)
시간의 순서를 나타내면 "~후에 "로 번역한다.
Having finished his work, he left the office. (끝낸 후에 그의 일을, 그는 떠났다 사무실을.) have+pp는 시간의 흐름을 나타낸다. 과거에 일어난 동작을 현재로 가지고 있으므로 have+pp는 당연히 시간의 순서를 나타낸다.
The storm **passing**, he went home. ~ing의 주어는 소유격 또는 그냥 일반 단어로 표시한다. 번역은 주어로 한다. (폭풍우가 지난 후에, 그는 갔다 집에) →pass는 시간의 흐름을 나타낸다. 동부사의 주어와 주절의 주어가 다르면 표시해야 한다.

(나) 동사가 지속적인 뜻일 경우

①주절과 동시상황(while): ~하면서

Sitting in the sofa, he was listening to the radio.

(앉아있고 내부위치는 의자이고, 그는 듣고 있는 중이었다 라디오를)

Listening to the radio, he studied English.

(들으면서 그 라디오를, 그는 공부했다 영어를)

②원인, 이유(because)

움직임이 없는 동사라 하더라도 그 자체가 진행의 뜻을 나타낼 수

있다. be동사는 움직임이 없어도 "존재한다"는 뜻이므로

지속성을 나타낸다. 형용사 역시 지속의 뜻을 나타낸다.

Being tired, he went home. (피곤했기 때문에, 그는 갔다 집에)

문장 앞에 오는 Being은 생략할 수 있다.

=Tired, he went home.

Not feeling good, I stayed home.

(기분이 좋지 않아서 있었다 집에)

준동사(to부정사, ~pp, ~ing의 부정은 그 앞에 부정어를 두면 된다)

Situated in the middle of the city, the palace was easy to find.

(위치했다 내부위치는 중앙이고 그 소속은 도시이기 때문에,

그 궁전은 쉽다 발견하기)

situated는 그 자체가 지속성을 나타낸다.

Wearing a long sleeve shirts, I am very hot.

(다)주절과 종속절이 논리상 맞지 않을 경우

 양보(though) 비록 ~일지라도

 ~ing구문과 주절의 내용이 논리상 맞지 않으면 "~일지라도"로

번역한다. 문맥의 앞, 뒤 내용을 보고 판단한다.

Admitting the fact, I still don't believe it. (비록 인정하더라도 그 사실을 나는 여전히 믿지 않는다 그것을)

3. 동부사가 주절의 뒤에 쓰일 경우

1)동시에 진행 중인 것은

➡ 원래 ~ing는 진행의 뜻이 있으므로 "동시에 진행 중인 것은"으로 번역할 수 있다.

I live in China, teaching English. (나는 살고 있다 들어가 살고 있는 내부적인 위치는 중국에 동시에 진행 중인 것은 영어를 가르치는 것이다)

2)그 결과=**그래서**➡원인과 결과를 나타낸다.

➡~ing는 과거부터 현재까지 죽 이어져 오는 동사이므로 과거의 동사가 원인이 돼서 현재 상태가 그렇다는 뜻이므로 원인과 결과를 나타낼 수 있다.

I live in China, learning chinese. (나는 중국에 살고 있어서 중국어를 배우고 있다)

A severe disease hit Asian nations, **causing** several hundred deaths.(어떤 심각한 질병이 강타했다 아시안 국가들을, **그 결과(그래서)** 야기했다 몇 백명의 죽음을)

정리하면 주절,~ing의 번역은 **"동시에** 또는 **"그래서"**로 번역한다.

3)being이 생략된 경우

Even the most complex cell has only a small number of parts, each responsible for a distinct, well-defined aspect of cell life.

원래 문장은 each is responsible for에서 동부사 구문이 되면서 being이 생략되었고 이때의 each는 앞 문장의 a small number를

반복하는 대명사이다. 동부사 구문에서 주어가 반드시 주절의
주어가 나오지 않고 문장 내의 특정 명사가 동부사 구문의
주어가 될 수 있다.

4)그 이외에 동부사가 주절의 앞에 올 때 번역되는 것들로 번역된다.
4. 동부사의 부정
 부정어를 ~ing앞에 두면 된다.
 Not feeling good, I stayed home. (기분이 좋지 않아서 있었다
집에)

[자동사와 타동사]

어떤 동사가 자동사 또는 타동사로 정해져 있지는 않다. 문맥에 따라 자동사가 될 수도 있고 타동사가 될 수도 있다.

1. 자동사

동사나 나타내는 동작이나 작용이 주어에게만 미친다. 따라서 자동사는 목적어를 필요로 하지 않으며 능동자동사와 수동자동사가 있다.

1)능동자동사: 자동사가 능동으로 번역된다.

The boy runs fast.(그 소년은 달린다 빨리)

He has changed.(그는 이전에 변했다)

(비교)He has changed her life.(그는 이전에 변화시켰다 그녀의 삶을) 여기서 changed는 타동사이다.

Speak more slowly.(말해라 더 천천히) speak는 말하다의 뜻이 있지만 기본적으로는 소리내다는 뜻이 있다. talk, tell등은 내용이 있는 말을 하는 것이지만 speak는 "소리내서 말하다"는 뜻이 있다.

(비교)He can speak English.(그는 말할 줄 안다 영어를)

speak는 어떤 언어를 말할 때 쓴다. 여기서 speak는 타동사다.

I can't talk to you right now.

(나는 말할 수 없다 말하는 것의 도착대상은 너인데 지금 당장)

I want to talk with you.(나는 원한다 그것은 대화하는 것이다 함께 하는 대상은 너이다)

(비교)Tell me the truth.(말해라 나에게 그 진실을) tell은 일방적으로 상대방에게 말하는 동사이다. 목적어 me가 있으므로 tell은 타동사다. talk는 서로서로 대화하는 동사이다.

tell과 talk to는 그 의미상 일방적으로 한 사람에게 말한다는 점에서 비슷하긴 하지만 talk to는 듣는 사람이 듣고 말할 수 있다는 점에서

tell과 다르다.

(비교)Say Jane.(말해봐 제인이라고) say는 말하다는 뜻보다는 발음 하다는 뜻에 더 가깝다.

Reply to the question.(대답해라 대답해야 할 그 기준 대상은 그 질 문이다) (비교)Answer the question.(대답해라 그 질문에)

2)수동자동사: 자동사가 수동으로 번역된다.

This book sells very well. (이 책은 팔리고 있다 매우 잘)

The rose business must adapt to changing conditions in the marketplace.

(장미산업은 반드시 적응되어야만 한다 적응되어 달라붙어야 할 그 기준은 변화하는 조건들이고 이 조건들을 내부에 가지고 있는 것은 그 시장이다) to는 기준을 나타낸다.

동작의 결과는 기준에 도달 또는 달라붙어야 한다.

A in B에서 A를 내부에 가지고 있는 것은 B이다. adapt는 자동사로 "적응되다"는 수동의 뜻으로 쓰였다.

The plant hangs on the wall.(그 식물은 매달려 있다 접해있는 것은 그 벽이다) hang이 수동자동사로 쓰였다.

2. 타동사

타동사란 목적어를 필요로 하는 동사로서 능동의 뜻과 능동의 뜻외에 추가적으로 사역이 들어갈 수 있다.

 They sell books.(그들은 판다 책을)

또한, 타동사는 목적어에 직접 영향을 미치는 동사로서 그 중간에 전치사가 오면 안 된다.

타동사는 목적어에 직접 영향을 미치기 때문에 즉각적이고 순간적인 결과를 요구한다.

Answer the question.(대답해라 그 질문에) 질문에 즉각적으로 대답하라는 뜻이다.

(비교)

Reply to the question.

(대답해라 대답해야 할 그 기준 대상은 그 질문이다)

전치사 to가 있으므로 그만큼 시간이 걸리는 신중한 대답을 하라는 뜻이다.

He married her. (그는 결혼했다 그녀와) 결혼이라는 것은 직접 상대방에게 영향을 미치는

행위이므로 그 중간에 방해물(전치사)이 있어서는 안 된다.

The prince married with the maid. (그는 결혼했다 함께 데리고 있는 대상은 하녀)

이 왕자가 공주와 결혼을 하는데 자기의 하녀(her)를 데리고 결혼했다는 뜻임을 알 수 있다.

(정리) 자동사나 타동사로만 쓰이는 동사가 있기는 하지만 보통의 동사는 문맥에 따라 자동사로도 쓰일 수 있고 타동사로도 쓰일 수 있다.

[~ed]=수동분사

가. ~ed의 개념

~ed에는 자동사의~ed , 타동사의 ~ed가 있다.

~ed는 동작이 이미 일어났고 이미 일어난 그 동작의 상태가 진행 중인 것을 나타낸다. 동사의 종류에 따라서 일회성 동작인 경우는 동작이 이미 일어나서 그 동작 결과의 상태가 계속 진행 중인 것을 나타내고 반복이 가능한 동작은 그 반복 가능한 동작이 계속 반복되는 것을 나타낸다. ~ed와 ~pp는 같은 용어이다.

1.자동사의 ~pp

1)동사+ 자동사 ~ed

➜이 때의 동사란 be동사 또는 일반 동사를 말한다.

(1)be동사+ 자동사~ed ➜be+ ~ed는 수동태와 전혀 관계가 없다.

①이미 과거에 동작이 일어났고 그 동작의 결과가 be동사 시제까지 계속되는 pp

Spring is come. (봄이 왔다)➜봄이 과거에 왔고 그 온 상태가 현재(is)상태인 지금도 계속되고 있으므로 현재 봄이라는 뜻이 된다. 여기서 come은 능동자동사로 come의 과거분사이다.

She is retired.=She has retired.(그녀는 은퇴했다)➜그녀는 과거에 은퇴했고 은퇴결과가 지금도 계속되고 있다는 뜻이다. is retired는 수동태가 아니다 여기서 retired는 능동 자동사의 과거분사이다.

He is armed with a gun. =He has armed with a gone.

(그는 총으로 무장한 상태다)

➜그는 총으로 무장했다➜한글은 과거시제(무장했다)만으로 과거부터 현재까지 지속되는 상태를 나타낼 수 있다.

is armed는 수동태가 아니다. 여기서 armed는 능동자동사의
과거분사를 나타낸다.

②진행 중인 것을 나타내는 pp: 과거부터 be동사 시제까지
진행 중인 것을 나타낸다.

I am pleased to discover the picture.(나는 기쁘다 그 사진을
발견해서) 과거부터 기뻐서 현재 상태까지도 기쁘다는 뜻의 진행을
나타낸다. be pleased는 수동태가 아니며 pleased가 반복할 수 있는
동사이므로 과거부터 지금까지 계속 pleased상태를
반복해오고 있다는 뜻이다. "기쁘다"는 뜻은 형용사이고 형용사는
상태를 나타내는데 상태는 반복이라고 할 수 있다. ➜과거에 사진을
발견해서 현재도 기쁘다는 뜻이다. 1초전도 과거이다.

③**명사pp**는 "명사를 가진"의 뜻으로 번역할 수 있는데 be동사와 결
합해서 사용되면 "현재 명사를 가진 상태"란 뜻이다. 수동태가
절대 아님을 알아야 한다.

He is willed.(그는 의지를 가진 상태다)➜willed는 will(의지)+ ed로
분해할 수 있고 그 뜻은 "의지를 가진"의 뜻이다.

➜(그는 의지가 있다)

(2)일반동사 + 자동사의 pp

①이미 과거에 완료된 것을 나타낸다. ➜과거에 완료된 상태가 일반
동사의 시제까지 지속되고 있는 것을 말한다.

He remains unchanged. (그는 바뀐 것이 없는 상태로 있다)

➜그는 바뀐 것이 없다.

unchanged는 과거에 바뀌었고 현재(remain은 현재시제임)도 바뀐
그 상태로 있다는 뜻이고 unchanged는 능동자동사이다. 변한다는
것은 자기 스스로의 의지에 의해서 변하므로 능동자동사가 된다.
타동사의 pp가 수동태로 번역되는 경우가 아님을 알아야 한다.

②진행 중인 것을 나타내는 pp: 과거부터 일반동사 시제까지 진행 중인 것을 나타낸다.

He remains pleased.(그는 즐거운 상태로 있다)➔ pleased는 과거에 기뻤고 그 기쁜 상태가 현재도 계속되고 있다. pleased는 수동태가 아니고 자동사의 과거분사다.

(3)자동사의 pp에는 두 가지 뜻이 있다. 능동과 수동의 뜻이 있다. 보통은 능동 자동사의 pp가 많지만 수동 자동사의 pp도 있다. 능동 자동사는 능동의 뜻이고 수동자동사는 수동의 뜻이다.

People speaking Korean have long been limited.(한국어를 말하는 사람들은 오랫동안 제한되어져 오고 있다) limited 는 수동태가 아니다. 자동사의 pp인데 자동사에 수동의 뜻이 들어있는 경우이다. 수동태가 되려면 행위자가 있어야 하는데 행위자가 없으므로 수동태가 아니다. 이 문장에서는 행위자가 생략된 것이 아니고 원래 행위자가 없다.

2) **자동사의 pp+ 명사**: 능동자동사의 pp는 능동의 뜻을 가진다. "~한 명사"

The man is a retired teather. (그는 은퇴한 선생님이다)➔스스로 은퇴한 선생님. retired는 수동태가 아니고 능동자동사의 pp이다.

He is an escaped prisoner.(그는 탈옥한 죄수이다.)

➔스스로 탈옥한 죄수 escaped는 수동태가 아니고 능동자동사의 pp이다.

2.타동사의 pp

타동사의 pp는 보통은 수동의 뜻을 나타내지만 간혹 목적어를 필요로 하는 능동일 때도 있다.

1)동사 + 타동사 pp:

이 때의 동사란 be동사 또는 일반 동사를 말한다.

be동사+ 타동사 pp: 동사가 일회성 동작이면 그 동작이 일어난 결과의 상태가 be동사 시제까지 계속 진행 중이란 뜻이다. 동사가 반복동사이면 과거부터 반복해서 be동사 시제까지 계속 반복중인 것을 나타낸다.

(1)수동을 나타낸다. The desk is broken. (그 책상은 부숴졌다)➔ 그 책상이 과거에 부셔져서 현재도 부셔진 상태다 broken은 수동태이고 일회성 동작이므로 과거에 부셔졌고 그 상태가 현재도 계속 진행 중인 것을 나타낸다.

What language is used in your country? (어떤 언어가 당신의 나라에서 사용되고 있나?)➔used는 반복동사로서 과거에 일어난 동작이 현재도 계속 진행 중인 것을 나타낸다.

The mission is continued. (그 임무는 진행 중이다) continued는 반복동사로서 과거에 일어난 동작이 현재도 계속 진행 중인 것을 나타낸다. 단순한 수동태로서도 진행을 나타낼 수 있다.

The mission is being continued. (그 임무는 진짜 진행 중이다)

현재진행형은 두 개의 뜻이 있다. 하나는 동사의 강조표현이고 다른 하나는 화자가 말하고 있는 시점을 나타내는 것이다.

여기서는 동사의 강조표현이다.

(2)능동을 나타낸다.

 He is kicked the ball. (그는 공을 찼고 그 상태로 있다)

➔그는 공을 찬 상태다.

 kicked는 타동사의 pp로서 목적어 ball을 가진다. 수동태가 아니라 과거에 공을 찼고 현재는 공을 찬 상태다. 수동태가 아님을 알아야 한다. =He has kicked the ball.과 거의 같은 뜻이다.

 2)일반 동사+ 타동사 pp

①수동을 나타낸다.The train fares remain unchanged. (기차요금이 변하지 않는 상태로 남아있다) unchanged는 주어가 사물이므로 수동을 나타낸다.

②능동을 나타낸다.

 I feel worried (that) my eye sight got worse. (나는 내 시력이 더 나빠졌다고 생각한다) 여기서 worried는 수동이 아니며 능동태의 과거이다.

worried가 타동사의 과거로 목적어를 취했고 이미 과거에 일어난 사건이 현재시제(feel)와 함께 쓰였으므로 나빠진 시력을 과거에 걱정했고 그 걱정이 현재도 계속되고 있다는 뜻이다. have+pp와 비슷한 표현이다.

have+pp만 현재완료가 아니라 현재시제동사+pp도 얼마든지 현재완료가 될 수 있음을 알 수 있다.

I am worried (that) my eye sight got worse. (나는 내 시력이 더 나빠졌다고 걱정하고 있다)

am worried는 수동태가 아니며 여기서 worried는 목적어를 필요로 하는 타동사이다. am worried는 have worried로 바꿔 써도 무방하다. 즉, worried that 주어+동사를 현재시제(am)에도 여전히 그 상태가 지속된다는 뜻이다

3)타동사의 pp+명사

"~당한 명사" 또는 "~된 명사" 또는 "~해진 명사" 또는 "~을 받는 명사"➡수동을 나타낸다.

The man is a retired teather.(그는 은퇴당한 선생님이다)

➡남에 의해 은퇴당한 선생

There is a broken desk.(거기에 부서진 책상이 있다) a respected employee (존경받는 종업원)

3. be+ ~pp에서 ~pp가 자동사의 ~pp인지 타동사의 ~pp인지 구별이 안 되는 경우

be+ ~ed에서 ~ed는 "~을 가지고 있는"의 뜻이 된다.

I'm interested in English.(나는 상태이다 관심을 가지고 있는 그 분야는 영어이다) interested는 수동태로서 "관심을 갖게 되었다"는 뜻이 아니고 "관심을 가지고 있다"는 뜻으로 능동 자동사의 ~ed로 보아야 한다.

I'm scared of a snake.

(나는 상태이다 두려움을 갖고 있는 그것은 뱀이다)

scared는 수동태로서 "두려움을 갖게 되었다"는 뜻이 아니고 "두려움을 가지고 있다"는 뜻으로 능동 자동사의 ~ed로 보아야 한다.

4. ~ed가 be동사 또는 일반 동사 뒤에 쓰일 경우 문맥에 따라서 명사로 번역될 수 있다.

단어의 품사는 정해져 있는 것이 아니라 위치에 따라서 바뀐다. ~ed가 명사의 위치에 있으면 명사가 된다. 보어자리에는 명사와 형용사가 올 수 있다.

This is used.(이것은 사용됐다), This is used.(이것은 중고품이다)
➡used는 use+ ed로

분해되고 use는 명사로 "사용"이고 ed는 과거이므로 "사용된 것"으로 번역된다.

get used(중고품을 사라) get used a car(중고품 즉, 자동차를 사라)➡used는 명사,

a car는 used와 동격 wanted(현상범)➡want+ ed(원하여 지는 것)

나. ~ed의 문장 내에서의 위치

1)pp가 명사로 쓰이는 경우

(1)~ed가 주어자리에 있는 경우: → ~ed가 주어자리에 있으므로
~ed가 명사가 된다.

The accused accepted the court's decision.
(피고는 법원의 결정을 받아들였다)

여기서 accused뒤에 단수 명사나 복수 명사가 생략된 것이 아니다. accused자체가 명사로서 "고소당한 사람" 즉 "피고인"이 된다.
문맥에 따라서 accused는 추상명사인 "고소당함"이라는 추상명사가 될 수도 있다. ~ed가 명사 자리에 오면 크게 세 가지로 구별할 수 있다. 단수 명사, 복수 명사, 추상명사등 세 가지 중의 하나로 번역된다. the+pp에서 pp는 수동태인 경우가 많지만 능동 자동사인 경우도 있고 "~을 가진"의 뜻도 있다.
the+pp 뒤에 복수 명사가 생략된 것이 아니고 pp가 명사 자리에 왔고 pp가 명사 자리에 오면 세 가지 중의 하나로 문맥의 흐름에 따라 번역될 뿐이다.

Adapting novels is one of the most respectable of movie projects.
(소설을 각색하는 것은 영화 계획들 중에서 가장 장려할만한 것들 중의 하나이다.)

the most respectable은 복수명사가 된다. the+형용사는 복수명사가 아니라 the+형용사는 the~ed처럼 단수명사, 복수명사, 추상명사 중 하나로 번역될 뿐이다.

(2)~ed가 동사의 목적어인 경우

Thus, he was feeling pretty relaxed.(그리하여 그는 느끼는 중이었다 꽤나 편안함을) pretty relaxed가 feeling의 목적어다.

(3)~ed가 보어인 경우

She is a wanted.(그녀는 상태이다 현상범)

(4)~ed가 전치사의 목적어인 경우

(2013년 21번 문제)We take it for granted that film directors are in the game of recycling.

(우리는 영화감독이 재활용이라는 게임을 하고 있다는 것이 당연하나고 받아들인다.)granted가 for의 목적어로 쓰였다. "당연하다는 것"

2)pp가 형용사로 쓰이는 경우
(1)pp가 명사를 꾸며주는 경우
①객관적이고 일반적이며 이미 동작이 끝난 상태이다. ➜~ed에는 능동의 pp와 수동의 pp가 있다.

an invited guest : 초대받은 손님(정상적인 절차를 통해 객관적으로 초대받은 손님)

It was a positive miracle. (그것은 확실한 기적이다)

positive는 "확실한, 긍정적인"의 뜻인데 이렇게 객관적인 뜻은 반드시 명사 앞에만 와야지 명사 뒤에 오면 틀린다.

It was a miracle positive.(X) 명사 뒤에 형용사가 오면 주관적이 되는데 주관적이란 뜻은 남들이 볼 때 불명확한 것이기 때문에 positive는 명사 뒤에 올 수가 없다.

polished tiles (광택처리 된 타일)➜대량생산된 제품이다.

ⓐ능동의 pp: a retired man(은퇴한 남자)➜ 스스로 은퇴한 남자

ⓑ수동의 pp: a retired man(은퇴당한 남자)➜ 타인에 의해 은퇴당한 남자

covered box(가려진 상자) ➜ 타인에 의해 가려진 상자

covered box(커버가 있는 상자)

American's highest paid industries(미국에서 가장 많이 돈을 버는 기업들) ➡paid가 능동자동사로 번역된다.

②단어-~ed 명사의 번역:

(1) "단어-~ed"를 가진 명사 ,"단어-~ed가 있는" 명사

a **blue-eyed** woman (파란 눈을 가진 여자)=파란 눈의 여자➡blue가 명사 eye를 꾸며주고 eyed는 woman을 꾸며준다. hyphen(-)을 붙여서 blue가 woman을 꾸며주는 것이 아니라 eye를 꾸며준다는 것을 나타낸다.

또 하나의 예를 들어 보자 He is strong-willed.(그는 강한 의지를 가지고 있다) will이 명사이므로 명사를 꾸미는 형용사 strong이 will앞에 왔으므로 strong은 명사will을 꾸며주는 것이지 willed를 꾸며주는 것이 아니다. -ed는 "~을 가진"의 뜻이므로 "strong-will"을 가진=strong-willed가 된다.

strong이 willed를 꾸며주는 것이 아니라는 표시로 hyphen(-)를 붙였다.

covered box (덮개를 가지고 있는 상자)

=덮개 있는 상자=cover를 가진 상자

three-sided pyramid(세 면을 가진 피라미드)=세 면 있는 피라미드 =three-side를 가진 피라미드 featured article (특색을 가진 기사)= 특색 있는 기사=특집기사

(2)단어-~ed가 된 명사

단어-~ed가 동사화되어 자동사의 pp나 타동사의 pp로 번역된다.

bladed shield of the cable(칼날 자국이 난 보호층인데 이 보호층이 속한 것은 이 케이블이다) bladed를 타동사의 수동태로 번역하였다.

③**pp명사에서 pp는 수동태의 pp일 수도 있고 능동의 pp일 수도 있다.** retired teacher(은퇴한 선생) 은퇴당한 선생이 아니다.

④ pp앞에 재료나 도구를 나타내는 부사가 올 수 있다.

명사처럼 보여도 형용사(~ed)를 꾸며주는 부사가 된다. 부사로 번역하므로 "~(으)로"번역한다.

oil-filled tank (기름으로 채운 탱크)

➡재료로 번역 oil이 부사로 재료가 된다.

hand made shoes(손으로 만든 구두)

➡도구로 번역 hand가 부사로 도구가 된다.

sun-baked brick(태양으로 구운 벽돌)

➡도구로 번역 sun이 부사로 재료 및 도구가 된다.

부사 ~ed명사에서 ~ed의 꾸밈을 받는 명사는 수동태의 입장이지만 말하는 사람의 입장에서는 능동태이므로 한글처럼 앞에서 능동태로 번역하면 된다.

(참고)명사~ing 명사 ➡앞 명사를 ~ing하는 명사

a auto-making country (자동차를 만드는 나라)

oil-filling man (기름을 채우고 있는 남자)

(2)명사 뒤에서 명사를 설명하는 경우:

①명사 ~ed:주관적이고 특별하며 미래에 일어날 일이다.

an guest invited: 초대받은 손님(특별초청 받은 손님)

an tile polished: 이 타일은 일반적인 제품 타일이 아닌 특별히 광택 처리된 특수 타일이란 뜻이다.

each letter delivered(각 편지가 배달될 것이다)

➡미래에 수동태로 일어날 일이다.

②명사, as ~ed: as는 명사로서 동격을 나타낸다. "앞 명사와 똑같은 그것 "의 뜻이다. 여기서 중요한 것은 as가 명사로서 동격을 나타내는 동시에 as가 원래 가지고 있던 뜻도 동시에 표현된다는 것이다. as는 동시에 일어나는 때를 나타내는데 이 뜻도 포함되게

된다.

A child must be secure in his parents' **power, as represented** by their loving authority. (어린이는 반드시 안전해야 한다 어린이가 내부적으로 위치해야 하는 것은 부모님의 영향력인데, 부모님의 영향력이 나타나는 그 때의 그 수단은 그들이 선호하는 권위에 의해서다) pp는 명사 as를 설명해주는 형용사이다. represented 는 as를 설명하는 형용사 pp로서 "나타나다"라는 능동의 자동사에서 파생된 것이다. 명사를 꾸며주거나 설명하면 형용사가 된다. by는 "그 수단은"이다.

the earth, as viewed from a spaceship(지구, 그 지구 보여질 때 우주선에서) (우주선에서 볼 때의 지구)➡as의 내용이 들어간다. as는 the earth를 다시 한 번 반복하면서 "~할 때"로 번역

the earth viewed from a spaceship(지구 이 지구는 보여 진다 우주선에서) (우주선에서 보여 지는 지구)

③명사 앞에 수식어가 올 경우 어쩔 수 없이 뒤에서 명사를 설명해준다.

④명사 ~ed의 번역

ⓐ명사가 pp해지다, 명사가 pp하다➡이 때의 pp는 수동태일 수도 있고 자동사일 수도 있다. an guest invited: 손님이 초대받다 ➡ invited는 수동태이다.

the ship gone:배가 갔다➡gone은 능동자동사다.

ⓑ명사를 pp하다. ➡명사~ed에서 pp가 수동태일 경우 "명사가 ~ed 해지다"로 번역이 되는 경우 명사의 입장에서는 수동태이지만 말을 하는 화자의 입장에서는 능동태이므로 명사를 목적어로, pp를 능동태로 번역할 수 있다. 수동태로 번역시 번역이 잘 안 되면 능동태로 번역한다. 사실, 능동태로 번역하는 것이 앞에

서부터 번역하는 방법이다. 꼭 한글 같은 느낌이 난다.

an guest invited: 손님이 초대받다 ➡손님을 초대했다

an tile polished: 타일이 광택처리됐다 ➡타일을 광택처리했다

the earth viewed from a spaceship(지구가 보여 진다 우주선에서)

➡지구를 봤다 우주선에서

3) pp부사=수동부사

주절 앞에 ~ed가 올 경우 ~ed는 부사가 된다.

Tired, she went on shopping

(비록 피곤해도 그녀는 쇼핑하러 갔다)

Tired앞에 Being이 생략된 것이 아니다. tired가 부사로 피곤했다는 뜻임. 피곤하면 쉬어야 되는데 쇼핑하러 갔으므로 논리상 반대가 된다. 따라서 양보로 번역한다.

4) pp앞에 부사가 올 수 있다.

pp는 품사가 동사 또는 형용사이므로 pp앞에 부사가 올 수 있다.

well made goods(잘 만든 제품)

다. ~ed의 주어

 ~ed의 주어는 ~ed앞에 둔다.

to do와 ~ing와 ~ed와 동사 파생 형용사의 주어는 모두 앞에 둔다.

 ~ed와 ~ing의 주어는 일반 명사 또는 소유격이 된다.

~ing는 동명사 형태를 띠는데 동명사 앞에는 소유격이 오게 된다.

~ed에 의해 꾸밈을 받는 명사의 입장에서는 수동태로 번역되어야 하지만 앞에서부터 순차적으로 능동으로 번역해도 충분히 논리적으로 말이 된다. ~ed가 명사 수식함으로 ~ed의 주어는 소유격가능

to 부정사의 주어는 for(입장, 경우)+ 목적격 또는

of(사람의 인성에서 나오는 경우)+ 목적격으로 표시한다.

1)일반명사 ~ed 명사
→번역: **일반명사가 ~한 명사** 또는 **일반명사에 의해 ~ed된 명사**
 God given rights (하나님이 주신 권리)
원래 이 문장은 rights are given by God.(권리는 하나님에 의해 주어진 것이다)가 된다.
하지만 God given rights에서 God이 given의 주어로 왔으므로 God을 주어로 번역해야 한다.
God을 주어로 번역하면 능동태가 되므로 능동으로 번역하게 된다.
즉 꾸밈을 받는 rights 입장에서의 번역이 아니라 God의 입장에서
번역을 하게 되므로 "주어가 ~한 명사"가 되며
이때 given을 능동으로 번역한다. "하나님이 주신 권리"라고 번역된다. 또는 "하나님에 의해 주어진 권리"라고 번역할 수 있지만
한글처럼 "하나님이 주신 권리"로 번역하는 것이 좋다.
his projected income(그가 예상한 수입)(O)
"그의 예상된 수입"(X) pressure operated valve
이 뜻은 (압력에 의해 작동되는 밸브)이지만 ~pp앞에 있는 명사를
주어로 번역하면 (압력이 작동시키는 밸브)로 번역하는 것이 좋다.
pressure operated valve (압력이 작동시키는 밸브)
Computer Aided Design(컴퓨터가 도와주는 디자인)
Ottogi cooked rice(오뚜기가 요리한 밥)
한글에서 "~한 명사"는 명사의 입장에서는 수동의 뜻이 된다.
cooked rice는 "요리당한 밥"인데 이것을 한글로 만들면
"요리한 밥"이라고 할 수 있다. 왜냐하면 cooked의 명사 ottogi가
cooked의 능동태의 주어이기 때문이다.
User Created Contents (유저가 만든 내용)
Tayor-made golf club (테일러가 만든 골프채)

his edible produce(그가 먹을 수 있는 생산품)

➜-ible는 수동태를 나타낸다.

edible은 형용사이지만 형용사 앞에 있는 명사 역시 형용사의 주어가 된다. 생산품인 produce입장에서는 수동태로 번역해야 하지만 his의 입장에서는 능동이므로 앞에서부터 번역해야 한다.

원래는 "그에 의해서 섭취될 수 있는 생산품"의 뜻이지만 앞에서부터 번역해서 "그가 먹을 수 있는 생산품"으로 번역하는 것이 좋다.

CAD(Computer Aided Design) "컴퓨터에 의해 도움을 받는 디자인"의 뜻이지만 앞에서부터 번역해서 "컴퓨터가 도와주는 디자인"으로 번역하는 것이 좋다.

There was a man named Tom.(거기에는 어떤 남자가 있었는데 그 남자가 가지고 있는 이름은 Tom이었다) 이 문장을 "Tom이라고 이름지어져 있는 어떤 남자가 있었다"로 거꾸로 번역하면 안 된다.

명사ed는 "명사를 가지고 있는"으로 번역한다.

2) 소유격 ~ed명사 ➜주어가 ~한 명사

They are not thinking of how **their requested solution** will impact other product.

(그들이 요청한 해결책)➜소유격 **their**를 주어로 번역하고 requested 를 능동으로 번역한다.

(그들은 생각하지 않고 있는 중이다. 본질적으로 직접 관계있는 것은 어떻게 그들이 요청한 해결책이 다른 생산품에 영향을 미칠 것인지를) 3)동사파생 형용사의 주어는 동사파생형용사 앞에 온다.

smoke free bus stop(담배 연기 없는 버스정거장) smoke가 동사파생형용사인 free의 주어가 된다. 주어는 동사의 부하가 되므로 부하(동사파생형용사, free)가 명사를 꾸밀 때에는 주어는 부하이므로 문법구조에 어떠한 영향도 끼치지 못한다.

to do, ~ing, ~ed가 명사를 설명하면 모두 형용사인데 to do, ~ing, ~ed의 주어가 모두 바로 앞에 오는 것처럼 동사파생 형용사의 주어역시 바로 앞에 오고 문장 구조에는 영향을 끼치지 않는다.

(정리1)to do, ~ing, ~ed, 동사파생형용사의 주어는 일반명사 형태로 해서 바로 앞에 올 수 있고 이 주어는 to do, ~ing, ~ed, 동사파생형용사의 부하이므로 문장 구조에 영향을 주지 않는다.

(정리2)~ed앞의 명사는 일반적으로 ~ed의 주어로 번역하고 ~ed는 능동자동사로 번역한다.

라.~ed의 부정

to do, ~ing와 마찬가지로 ~ed앞에 부정어를 놓으면 된다.

The girl not invited went home.(초대받지 않은 그녀는 집에 갔다)

마. ~ing와 ~ed의 비교

~ing에는 능동 또는 수동의 뜻이 있고 ~ed에도 능동 또는 수동의 뜻이 있다. 능동이란 어떤 상태를 주는 것을 말한다.

1)~ing ①능동: The cartoon is boring. (그 만화는 지루함을 준다)

　　　　　You are boring. (너는 지겨움을 주고 있다)

　　　　➡현재 지겨움을 주고 있는 상태

　　　　②수동: The book is very well selling.

　　　　　　　(그 책은 매우 잘 팔린다)

2)~ed ①자동사의 ~ed: We are very bored. (우리는 매우 지루하다) 타인에 의해서 지루한 것이 아니라 그냥 자기 스스로 지루한 것이다.

　　　　　Tom is worried. (탐은 걱정하고 있다)➡현재 걱정하고 있는 상태

- 118 -

②타동사의 ～ed: The desk is broken.(그 책상은 부숴졌다)➡현재 부숴진 상태

(주의)is ～ing 또는 is ～ed는 모두 현재의 상태를 나타낸다.

[수동태]

주어+ 동사(be동사 포함)+ pp 뒤에는 명사, 형용사, 준동사, 절, 전명구가 올 수 있다. 왜냐하면 동사(be동사 포함)+ pp을 하나의 동사로 볼 수 있기 때문이다.

1. 주어+ 수동태+ 명사

1)주어≠명사

번역: 주어는 동사 받다 또는 동사 당하다.

(1)주어가 동사 받다 명사를 (주어≠명사)▶be ~pp가 타동사가 되어 목적어를 갖는다.

He was offered a place by her. (그는 제공받았다 어떤 자리를 행위의 주체는 그녀다)➜by의 번역은 "행위의 주체는"이다. 수동이란 "당하다" 또는 "받다"의 뜻인데

He was offered에서 제공하는 것을 받았다의 뜻이므로 "제공받았다"의 번역이 된다.

(2) 주어가 동사당하다 명사을 (주어≠명사)

The reporter was denied access to the information. (그 리포터가 거절당했다 접근을 그 정보로의)

2)주어=명사

번역: 주어는 동사되어진다 명사라고(주어=명사).

He is thought a teacher by her.(그는 생각되어진다 선생님이라고 행위의 주체는 그녀다)

2. 주어 수동태 형용사

주어와 형용사가 논리적으로 말이 돼야 한다.➜동사가 대상에 미쳐서 그 결과 어떻게 되다.

이 때의 형용사는 결과 상태만을 나타낸다. 즉, 과정을 설명하지는 않는다. 이에 반해서 부사를 과정을 설명한다.

1)동사해서 (그 결과) 형용사하다.

She was burnt dead.(그녀는 불타서 죽었다)

The toy was set adrift.(그 장난감은 떨어져서 표류상태였다)

2)주어가 형용사하다고 동사되어지다(동사되다), 주어가 형용사로 동사되어지다.

She is thought pretty. (She=pretty)

 (그녀는 생각되어진다 예쁘다고)

The house is painted green.(집이 페인트칠해져있다 초록색으로)

3. 주어 수동태 준동사

주어와 준동사가 논리적으로 말이 돼야 한다. 말이 되면 명사를 설명하는 형용사가 된다. 논리적으로 말이 안 되면 이 때의 준동사는 부사이다.

1)주어 수동태 to부정사

주어가 to부정사 하도록 동사되었다

The students were guided to handle a 16mm camera. (학생들은 안내되어서 16미리 카메라를 다루었다) to 부정사의 경우에 본동사가 현재시제이면 목적으로 주로 번역되고 본동사가 과거이면 결과로 주로 번역된다.

2)주어 수동태 ~ing

주어가 ~ing하는 것이 동사되었다.

He was seen dancing.(그가 보여졌다 춤추고 있는 것이)

3)주어 수동태 ~ed

주어가 ~ed되도록 동사되어지다.

The house was made repaired.
(그 집이 되어졌다 그 결과 수리되었다)

4. 주어+수동태+전명구

주어와 전명구가 논리적으로 말이 되면 이 때의 전명구는 명사 또는 형용사가 되고 말이 안 되면 부사가 된다.

The door is in a flower.(그 문은 꽃의 형태이다)

The door는 in a flower(flower형태)이다. "그 문은 꽃의 형태이다"는 논리적으로 말이 되므로 in a flower는 명사가 된다. 전치사 in+명사는 모양이나 형태를 나타낸다.

in a flower는 꽃의 모양이나 형태를 말한다.

Students are involved in practical tasks. (학생들이 참여한 상태다 학생들이 위치하고 있는 내부는 실제적인 작업이다)➡be + pp는 수동태의 모양이지만 수동의 뜻이 아닌 경우도

많다. involved는 여기서 능동의 뜻이다.

5. be+pp가 타동사의 수동태가 아닌 경우

be+pp형태에는 세 가지가 있다. 첫째는 다른 행위자의 동작을 받는 수동(타동사의 수동태)이고 둘째는 어떤 외부의 원인을 받는 수동(수동자동사)을 말하며 셋째는 단순히 동사의 상태만을 나타낸다.

1)pp가 수동자동사➡외부의 원인을 받는 수동을 말한다.

 사람의 감정은 수동 자동사의 pp로 나타낸다. 사람의 감정은 외부의 원인을 보고나 받아서 발생하기 때문이다. 이때 사용하는 동사는 타동사의 pp가 아닌 수동의 뜻을 가지는 수동자동사의 pp이다.

Everyone was surprised at his wonderful work. (모든 사람이 그의 놀라운 작품을 보고 놀랐다) 여기에서 surprised는 타동사의 pp

가 아니고 수동자동사의 pp이다. 이 문장에서

문장 뒤에 by가 생략된 것이 아니고 원래부터 by가 없는 것이다. 왜 냐하면, 타동사의 수동태가 아니기 때문이다. 이 문장에서는 주어가 그의 뛰어난 작품을 보고서 놀랐기 때문에 어떤 외부의 원인을 받는 수동이 된다. 어떤 외부의 원인을 받는 수동은 번역을 "~당했다", "~받았다"는 등으로 번역하지 않고 한글 번역 상 그냥 "~했다"로 번역한다.

2)pp가 능동자동사➡단순히 동사의 상태만을 나타낸다.

I am dressed in red shirt. (나는 상태 이다 입고 있는 그 내부적인 위치는 빨간 셔츠)

be+pp에서 pp는 타동사의 pp가 일반적이지만 능동자동사의 pp 또 는 수동자동사의 pp가 오는 경우도 있다. 능동 자동사의 pp인 경우 는 수동태가 아니고 동작이 끝난 완료를 나타낸다. 따라서 그 뜻은 현재 옷을 다 입었는데 그 옷은 빨간 셔츠라는 뜻이다.

dressed는 수동태가 아니고 능동자동사이다.

[시제]

가. 현재시제

현재시제란 과거도 그렇고 현재도 그렇고 미래도 그럴 것이다 란 뜻을 담고 있는 동사다.

1. 현재시제는 진리, 직업, 취미, 습관등을 나타낸다.

The sun rises in the east. 태양은 과거에도 동쪽에서 떴고 현재도 동쪽에서 뜨고 있고 미래에도 동쪽에서 뜰 것이므로 현재시제를 써야한다.

He plays tennis. 과거에도 테니스를 쳤고 현재도 치고 있으며 미래에도 칠 것이므로 그는 직업이 테니스 선수이거나 테니스가 취미인 사람이다.

I wake up at 5:00. 나는 과거에도 5시에 일어났고 현재도 5시에 일어나고 있으며 미래에도 5시에 일어날 것이므로 습관이 된다.

나. have+ pp:

have+ pp는 계속적 용법이다.

기본개념:have+ pp는 과거에 이미 일어난 동작을 지금도 가지고 있다. 따라서 have+ pp는 기본개념상 계속적 용법에 해당한다.

왜냐하면, 동작이나 상태의 계속도 계속이고 과거에 이미 끝난 동작의 영향이 현재도 지속되면 그것 역시 계속적 용법이 되기 때문이다. 번역은"**앞서서 기왕에**" 또는"**앞서서**" 또는"**이전부터**"로 한다.

1. have+ pp에서 pp의 동작에 따른 분류

1) pp가 일회성 동작: 동작이 끝난 상태를 현재도 가지고 있다

 Mom has hidden the apples.(엄마가 **앞서서 기왕에** 숨겼다 그 사과들을) 엄마가 사과를 숨겼고 그 숨긴 결과로 인해 현재 사과가 숨겨져 있는 상태이다. 비록 번역 상 "숨겼다"로 번역되지만 여전히 그 숨긴 결과로 인해 현재에도 사과가 숨겨져 있

는 상태임을 나타낸다는 것을 이해해야 한다.

Mom hid the apples.(엄마가 숨겼다 사과를)엄마가 사과를 숨겼는데 현재 사과가 어딘가에 숨겨져 있는지 아니면, 아빠가 그 사과를 먹어버렸는지 알 수 없다.

(엄마가 사과를 숨겼다)로 두 개의 영어 문장이 다 번역되지만 그 뜻의 차이는 분명히 존재함을 이해해야 한다.

She has already arrived. (그녀는 **앞서서 기왕에** 도착했다)
그녀가 이미 도착했고 그 도착한 상태가 현재까지도 계속되고 있다.
She has hurt the knee.(그녀는 **앞서** 무릎을 다쳤다) 그녀는 무릎을 다쳤는데 그 상태로 현재까지도 무릎이 아프다.

2) pp가 반복적 동작: 과거의 동작을 현재까지도 계속해서 하고 있다.

(1)pp가 반복적 동작인 경우
pp가 반복적이 동작인 경우 have+ pp를 **"이전부터"**로 번역한다.
I have studied English.(나는 **이전부터** 공부해오고 있다 영어를)
과거에 영어공부를 시작해서 현재까지도 영어공부를 계속해서
해오고 있는 중이다.
It has been snowing. have been ~ing는 대표적인 계속용법을 나타낸다. have been ~ing은 크게 두 가지로 생각할 수 있다.
①과거부터 현재까지 계속해고 있는 경우
It has been snowing since this morning.
②과거부터 어느 시점까지 계속되는 경우: 이 때의 어느 시점이란 방금 전 도 될 수 있고
말하는 현재 시점이 될 수도 있다. 문맥으로 알 수 있다.
There is snow on the road. It has been snowing.
(도로에 눈이 있어. 방금 전까지 눈이 계속 왔었어)

도로에 눈이 있는데 방금 전까지만 해도 눈이 계속 왔었다는 뜻도 되고 도로에 눈이 있는데 지금도 눈이 내리고 있어라든 뜻도 된다.

(2)pp가 반복적 동작이 아닌 경우

어떤 동사가 일회성 동작인지 반복적 동작인지 구분이 안 가는 경우는 매우 많다. 문맥의 앞, 뒤로 판단할 수 있다.

즉, I have studied English.(나는 **앞서** 했다 영어 공부를)로 번역할 수 가 있다. 과거에 영어 공부를 한 적이 있다는 경험을 말한다.

2. have+pp의 번역

have+pp는 과거의 동작 또는 그 결과를 현재 가지고 있다는 뜻이므로 기본적으로 현재시제이다. 따라서 have+pp에 영어의 과거시제가 오면 안 된다.

1)pp가 일회성 동작: 앞서~했다, 앞서서 기왕에~했다, 이전에 ~였다
한글로 "~였다, ~했다"로 번역이 되도 현재시제임을 이해해야 한다.

한글의 "~했다"는 과거에 한 동작의 영향이 현재도 지속되고 있다는 것을 나타낼 때 사용된다. 또한 한글의 "~했다"는 과거시제에 쓰여서 현재에는 그 영향이 미치지 않고 있다는 것을 나타낼 때도 사용된다. 이렇게 한글의 "~했다"는 두 가지 뜻으로 쓰인다.

Mom has hidden the apples.(엄마가 **앞서** 숨겼다 사과를)➔여전히 사과는 숨겨져 있는 상태이다. 비록 한글로 과거시제인 "숨겼다"로 번역이 되도 여전히 현재시제임을 알아야 한다.

Mom has hidden the apples 2 hours ago.(X)

(엄마가 앞서 숨겼다 사과를 두 시간 전에)

has는 현재시제이고 2 hours ago는 과거 시제이므로 시제의 불일치로 같이 사용할 수 없다.

I have studied English **before**.(나는 전에 영어를 공부했다)

I studied English **ago**.(나는 전에 영어를 공부했다)

before=be+fore의 뜻으로 be(현재)를 기준으로 과거로 향하여(for) 있다는 뜻이므로 have+pp의 뜻과 잘 어울린다. 따라서 have+pp에는 before를 쓴다.

2)pp가 반복적 동작: 이전부터~해오고 있다.

I have studied English.

(나는 **이전부터** 공부해오고 있는 중이다 영어를)

They have died.(그들은 **이전부터** 죽어나가고 있다)

died를 반복적 동작으로 이해했다.

 (caution) They have died.(그들은 앞서 죽었다) died를 일회성 동작으로 이해했다.

3)현재~한 상태다

The train has arrived.(기차가 **앞서** 도착했다)

기차가 이전에 도착해서 현재 도착한 상태다

3. have+pp와 짝을 이루는 단어

1)How long: How long은 have+pp의 기본 뜻(계속)과 매우 잘 어울린다. How long have you been here?

2)since: ~이래로 주~욱

since는 과거의 어떤 시점에서 현재까지 주~욱 계속된다는 뜻이다. have+pp뜻과 잘 어울린다.

I have been here since this morning.

(나는 **이전부터** 있어오고 있는 중이다. 이곳에 오늘 아침부터)

3)not ~yet: 이전부터 아직까지 ~안 했다.

The study has not yet been finished.

(그 연구는 **이전부터** 아직까지 끝나지 않았다)

4)for(~동안)   I have been here for 3 hours.

5)before

6)all the time

all the time은 과거부터 지금까지 항상 쭉~욱을 나타낸다.

He has been here all the time.(그는 이전부터 있었다 항상)

4.have+pp 와 같이 쓸 수 없는 단어

when, ago

when과 ago는 명백히 과거를 나타내는 단어이므로 현재를 나타내는 have+pp와 같이 쓸 수 없다. 왜냐하면 have+pp에서 have가 현재시제이기 때문이다.

다. had+pp

had+pp의 번역은 **"이전에 이미~했다"**로 번역한다.

had+pp는 과거보다 한 시제 더 과거를 나타낼 때 사용된다.

즉, 대과거(과거보다 한 시제 더 과거)에서 시작하여 과거시점까지의 동작의 계속 또는 그 동작의 영향을 나타낸다.

She looked for her bag which had been lost.

(그녀는 찾았다 그녀의 가방을 근데 그 가방은 이전에 이미 분실되었다)

라. 과거시제

단순히 과거에 있었던 사실만을 말한다. 현재와는 관계없다.

He **went** there.(그는 갔다 거기에) 현재 이곳에 있는지 없는지는 이 문장의 정보만으로는 알 수 없다. 단순히 과거에 그곳에 갔다는 정보만 주고 있다.He **has gone** there.(그는 **앞서** 갔다 거기에)

have+pp는 과거의 사실의 계속을 나타내므로 과거에 거기에 가서 아직도 거기에 간 상태라는 것을 말하므로 현재 여기에는 없다.

[절]

절이란 접속사+주어+동사를 절이라고 하는데 크게 대등절과 종속절로 나뉜다.

대등절이란 and, but, or등으로 연결되는 절로서 그 비중이 양쪽 절이 같은 것이고 종속절이란 주절에 종속되는 절을 말한다. 종속절에는 명사절, 형용사절, 부사절이 있다.

1. 명사절

절이 명사의 위치에 있으면 명사절이 된다. 명사의 위치는 주어, 목적어, 보어, 전치사의 목적어다.

1)명사절의 문장 내의 위치

(1)절이 **주어** 자리에 있는 경우

That he is rich is certain. (그가 부자라는 것은 확실하다) =It is certain that he is rich.

When the girl **will** come back is unknown to her family. (언제 그녀가 돌아올지 그녀의

가족에게 알려지지 않았다) (caution)명사절에서는 미래시제를 써준다. 왜냐하면, 명사절은 기본적으로 추측의 뜻을 갖기 때문이다.

(2)절이 **목적어** 자리에 있는 경우

I know that I don't know.(내가 아는 것은 내가 모른다는 것이다)

(독해비법) 3형식 문장의 번역은 "주어가 동사한 것은 that이다"

I know the girl is a teacher.(내가 알고 있는 것은 그녀가 선생님이라는 것이다)

I know that the girl is a teacher.(내가 알고 있는 것은 그것인데 그것은 그녀가 선생님이라는 것이다)

→명사절을 만드는 접속사 that을 사용하면 that절을 강조한다. 왜냐
하면 that절의 주어+동사가 that을 반복한 것이기 때문이다.
즉, that과 that문장의 주어+동사절이 동격이라는 말은 같은 말을
결국 두 번 반복한 것이 된다는 뜻으로 말을 두 번 반복하면
그 말을 강조하는 것이 된다. 이렇게 that절을 강조함으로써
문장 전체에 뜻이 달라질 수 있다.
I know that the girl is a teacher.(내가 알고 있는 것은 그것인데
그것은 그녀가 선생님이라는 것이다) 이 문장의 후속 문장은 이 문장
이 원인이 돼서 그래서 "~했구나 "라는 결과의 문장이 나오게 된다.
that절을 강조함으로써 후속 문장이 앞 문장과 관계가 있게 됨을
알 수 있다. "내가 알고 있는 것은 그것인데 그것은 그녀가 선생님이
라는 것이야 그래서 그녀가 그렇게 똑똑했다는 것이지" 이런 식으로
후속 문장을 예측할 수 있게 된다. that을 사용하지 않은 문장
I know the girl is a teacher.(내가 알고 있는 것은 그녀가 선생님
이라는 것이다) 이 문장은 "내가 알고 있는 것은 그녀가 선생님이라
는 것인데 생각 밖으로 무식하다"뜻의 후속문장이 나올 수가 있다.
이렇게 that이 있는 경우와 없는 경우의 차이가 명백하므로 함부로
that을 생략하면 전체 문맥의 뜻에 이상이 생길 수 있게 된다.
(caution)that절은 이미 정해진 사실인 경우를 나타낸다.
I am curious that she is pretty.(X) curious는 "궁금해하다"는
뜻으로 이미 정해진 사실을 나타내는 that절과는 궁합이 맞지 않는
다. →that절은 항상 명사절로만 사용되는
것이 아니라 부사절로도 얼마든지 사용할 수 있다. 여기서는 curious
를 설명해주는 부사절로 that절이 사용되었다.
I am curious if she is pretty.(O) →나는 궁금하다 그녀가 예쁜지
curious는 "궁금해하다"는 뜻과 불확실한 것을 나타내는 if절이 궁합

이 맞으므로 맞는 문장이 된다. 동사에서 파생한 형용사는 목적어를 가질 수 있는데 여기서는 curious의 목적어가 if she is pretty가 된다. if는 가능성이 세 가지 이상 일 경우 사용할 수 있으므로 여기서는 그녀가 예쁜지, 안 예쁜지의 뜻이 아니라

그녀가 예쁜지, 평범한 지, 안 예쁜지 등의 세 가지 이상의

뜻을 나타내고 있다. whether를 쓰면 예쁜지 안 예쁜지의 두 가지 만을 나타낸다.

Researchers rated how generally extroverted those fake extroverts appeard.(연구자들이 측정했다 얼마나 일반적으로 외향적인지 그러한 가짜의 외향적인 사람들이 보이는지) 가짜의 외향적인 사람들이란 실제로는 외향적인 사람들이 아닌데 외향적인 사람들처럼 보이려는 사람들을 말한다.

"how+ 부사(generally)+ 형용사(extroverted)+ 주어+ 동사"가 동사(rate)의 목적절로 쓰인 경우다.

이 문장은 원래

those fake extroverts appeard how generally extroverted인데 의문문이므로 앞으로 도치되었다.

(3)절이 **보어** 자리에 있는 경우

The problem is that we're out of money.(그 문제는 그것인데 우리가 벗어나 있는 것은 돈이다) 접속사 that은 "그것은' 또는 "그것인데"로 번역한다.

The **reason** for your failure was **because** you didn't your best.(X)

=The reason for your failure was that you didn't your best.(O) 영어는 같은 말 반복을 싫어한다.

(4)절이 전치사의 목적어 자리에 있는 경우

Give it to whoever comes first.(주어라 그것을 동작의 도착 대상은 누구나 오는 사람에게 먼저이다)

2)명사절을 이끄는 접속사

(1)what

what절은 명사가 갈 수 있는 자리에만 간다. 즉 항상 명사절이다. what절은 반드시 문장 중에 주어, 목적어, 보어, 전치사의 목적어중 한 개가 빠져있다.

①what절에 주어, 목적어, 보어, 전치사의 목적어가 한 개라도 없는 경우

ⓐwhat절에 주어가 빠져 있는 경우

I don't know **what** is right. (나는 모르겠다 무엇인가가 옳은지를) "무엇으로"으로 번역되므로 이 때의 what은 의문사이다. 이 문장을 앞에서부터 번역 시에는 what을 두 가지로 예상하고 번역해야 한다. 즉, what은 "무엇인가가(무엇이)" 또는 "무엇인가를"의 두 가지로 예상하고 있어야 한다. 의문사 what절은 what을 제외한 what 이후의 문장은 what을 설명해주는 동격절의 관계에 있다. that절에서 that은 that의 주어+동사와 동격의 관계에 있다는 것과 같다.

ⓑwhat절에 목적어가 빠져 있는 경우

I don't know what the girl said.(나는 모르겠다 무엇인가를 그녀가 말한 것) "무엇을"로 번역되므로 이 때의 what은 의문사이다. what을 the girl said가 설명해주고 있다. what(무엇인가를)은 the girl said(그녀가 말한 것(내용)이다)

ⓒwhat절에 보어가 빠져 있는 경우

 I don't know what her name is. (나는 모르겠다 무엇이 그녀의 이름인지) what을 her name is가 설명해주고 있다 what과 her name is는 동격의 관계이다.

ⓓwhat절에 전치사의 목적어가 빠져 있는 경우

I don't know what the girl is talking about. (나는 모르겠다 무엇을 그녀가 이야기하고 있는지 관해서) what을 the girl is talking about가 설명해주고 있다. what과 the girl is talking about은 동격관계이다.

②**what절이 주어, 목적어, 보어, 전치사의 목적어 자리에 쓰인 경우**

ⓐwhat절이 주어 자리에 있는 경우

What the girl said is true. (무엇인가를 그녀가 말했는데 근데 무엇인가는 사실이다)

ⓑwhat절이 목적어 자리에 있는 경우

I don't know what the girl said. (나는 모르겠다 무엇인가를 근데 그 무엇인가는 그녀가 말한 것이다)

ⓒwhat절이 보어 자리에 있는 경우

This is what the girl wants.(이것은 무엇인가이다 근데 그 무엇인가는 그녀가 원한 것이다)

ⓓwhat절이 전치사의 목적어 자리에 있는 경우

Let's talk about what the girl said.(자 얘기해보자 무엇인가를 근데 그 무엇인가는 그녀가 얘기한 것이다)

③**what이 장소로 번역되는 경우=somewhere**

in an ancient city that was in what is now present-day Turkey. (어떤 고대 도시 안에 있었는데 그 고대 도시는 어떤 장소 내부인데 그 장소는 현재의 터키이다)

(2)의문사ever

의문사ever는 의문사가 갈 수 있는 자리에 갈 수 있다. 의문사가 갈 수 있는 장소는 명사, 형용사, 부사이다. 의문사 ever는 의문사하고 똑같이 움직인다.

ⓐwhoever:누구나 Give it to whoever comes first. (주어라 그것을 동작의 도착 대상은 누구나 오는 사람에게 먼저이다)

ⓑwhomever:누구에게나 ➡목적어 자리에 간다.

Give it to whomever you like.(주어라 그것을 동작의 도착 대상은 누구에게나 네가 좋아하는)

ⓒwhatever: 무엇이라도, 얼마든지의 Whatever you select is fine. (무엇이라도 네가 선택하는 것이면 좋다)

I will do it for whatever period is required.

(나는 할 것이다 그것을 얼마든지의 기간이 요구된다 할지라도)

for는 기간을 나타낸다.

ⓓwhichever:어느 것이라도, 어느 것이든지

 Whichever you select is fine.(어느 것이라도 네가 선택하는 것이면 좋다)

 Take whichever book you like.(가져라 어느 책이라도 네가 좋아하면)

(3)what은 앞 문장의 명사를 "무엇인가라는 명사"란 뜻으로 반복할 수 있다.

It is mankind **what** threatens all of mankind. (그것은 인류이다. 그것은 무엇인가라는

인류가 위협하는 것은 인류라는 것이다.) 3형식 문장의 경우 "주어가 동사한 것은 목적어이다"로 번역할 수 있다. 이 때의 "무엇인가"는 의문의 뜻이 아니라 정도에 해당한다는 뜻이다.

3)가주어 진주어

 가주어 진주어는 주어나 목적어가 너무 길어서 번역 상 오해를 불러일으킬 수 있을 때 사용한다.

(1)it~to 부정사

It is hard **to quit old habits in a day.**(하루 안에 오래된 습관을
버리기는 힘들다)

(2)it~접속사 절

It(가주어) ~접속사(진주어)

①**It** was Tom **that** wore a white suit at the party last night.

(그것은 탐이었다 근데 그 탐이 입었다 하얀 양복을 그 파티에서
지난 밤에)

that=주격 연결대명사로 Tom을 반복한다. 명사를 반복했으므로 that
은 명사다.

It(가주어)~who(진주어)

It was Tom **who** wore a white suit at the party last night.

②**It** was a white suit **that** Tom wore at the party last night.

(그것은 하얀 양복이었다 근데 그 하얀 양복을 탐이 입었다 그 파티
에서 지난 밤에)

that=목적격 연결대명사로 a white suit를 반복한다. 명사를 반복했
으므로 that은 명사다.

It(가주어)~which(진주어)

=**It** was a white suit **which** Tom wore at the party last night.

③**It** was at the party **that** Tom wore a white suit last night.

(그것은 파티에서였다 근데 그 파티에서 탐은 입었다 하얀 양복을
지난 밤에) that은 at the party를 반복하는 연결부사이다.

부사를 반복했으므로 that은 부사가 된다.

It(가주어)~where(진주어) at the party =**where**=연결부사

It was at the party **where** Tom wore a white suit last night.

④**It** was last night **that** Tom wore a white suit at the party.

(그것은 지난 밤이었다. 근데 그 지난 밤에 탐은 입었다 하얀 양복을 그 파티에서)

that은 last night을 반복하는 연결부사이다. 부사를 반복했으므로 that은 부사가 된다.

It(가주어)~when(진주어) last night=when=연결부사

It was last night **when** Tom wore a white suit at the party.

①~④까지는 기존 문법에서 It~that강조용법이라고 하던 것.

⑤It makes no difference **whether it is a tree or not.**

(그것은 전혀 상관없다 그것은 그것이 나무이든 아니든)

➡가주어 It, 진주어 whether

⑥It is surprising **how much we owe to the inventor.**

(그것은 놀라움을 주고 있다 그것은 얼마나 많은 것을 우리가 혜택 받고 있는지를 발명가들에게) ➡가주어 It, 진주어 how much

⑦It doesn't occur to me **when** the building was built.

(그것이 떠오르지 않는다. 그것은 언제 이 빌딩이 지어졌는가 이다)

➡가주어 It, 진주어 when

⑧It is not work but overwork **which** is hurtful. (그것은 일이 아니고 과로인데 그것은 어떤 것이 해롭냐는 것이다.) It은 가주어, **which** is hurtful은 진주어

⑨It is mankind **what** threatens all of mankind. (그것은 인류이다. 그것은 무엇인가가라는 인류가 위협하는 것은 인류라는 것이다.) It은 가주어, **what** threatens all of mankind은 진주어

3형식 문장의 경우 "주어가 동사한 것은 목적어이다"로 번역할 수 있다.➡무엇인가라는 인류가 위협하는 것은 인류이다.

(3)it~전명구 It is dirty **in a bathtub.**(그것은 더럽다 그것은 욕조 안이다) **in a bathtub**는 전명구로서 주어이므로 명사이다.

[형용사절]

관계대명사절, 관계형용사절, 관계부사절, 설명절(동격절)은 모두 형용사 절이다. 관계는 앞문장과 연결해준다는 뜻이므로 앞으로는 관계대명사절을 연결대명사절로 관계형용사절을 연결형용사절로, 관계부사절을 연결부사절로 바꿔서 부르겠다. 관계라는 말은 일본식 표현으로 그 뉘앙스가 잘 가슴에 와 닿지 않는다. 관계라는 용어 대신에 "연결"이라는 용어가 더 적합한 용어가 된다. 앞 문장과 뒷 문장을 연결해준다는 뜻의 연결대명사가 관계대명사보다 더 적합한 용어이고 한국인의 정서에도 맞다.

1)형용사절의 위치: 문장이 명사 뒤에서 명사를 설명해주면 형용사 절이 된다. 이 때 명사를 문장 가운데의 주어, 목적어, 보어, 전치사의 목적어 자리에 놓고 번역해보아 말이 되면 이때의 문장은 형용사 절이 된다. 번역하는 방법은 "근데 앞의 명사는"으로 한다.

가. 문장 앞의 명사를 반복하는 경우➡연결대명사절

(1)문장 앞의 명사가 **사람**인 경우

①문장 앞의 명사가 **주어**가 되는 경우 I have a friend who is tall.(나는 가지고 있다 친구를 근데 이 친구는 키가 크다.) who is tall에서 주어가 없으므로 who가 주어가 된다. 이 who는 앞의 명사 a friend를 반복하는데 반복하면서 주어자리에 있으므로 주격연결대명사가 된다.

②문장 앞의 명사가 **목적어**가 되는 경우 I have a friend whom I like.(나는 가지고 있다 친구를 근데 이 친구를 나는 좋아한다) whom I like에서 목적어가 없으므로 whom이 목적어가 된다. 이 whom은 앞의 명사 a friend를 반복하는데 반복

하면서 목적어 자리에 해당하므로 목적격연결대명사가 된다.

③문장 앞의 명사가 **보어**가 되는 경우

A korean that I am must do his best for his country. (한국사람, 근데 그 한국 사람이 바로 나인데, 한국 사람은 반드시 해야한다 자신의 최선을 그 목적은 자신의 나라이다.)

소유격은 주어와 같을 경우 생략하거나 "자신의"로 번역한다.

that I am에서 보어가 없으므로 that이 보어가 된다. 이 that은 앞의 명사 A korean을 반복하는데 반복하면서 보어 자리에 해당하므로 보격연결대명사가 된다.

보어가 되는 지 안 되는지의 시험법:

A korean that I am에서 I am a korean하면

논리적으로 말이되므로 A korean은 I am의 보어가 된다.

④문장 앞의 명사가 **전치사의 목적어**가 되는 경우

He met the teacher whom we talked about .(그는 만났다 그 선생님을 근데 그 선생님을 우리는 애기했다 자세히 관련하여)

He met the teacher about whom we talked. (그는 만났다 그 선생님을 자세히 관련 있는 것은 그 선생님이고 우리는 애기했다.) whom은 전치사의 목적어이므로 목적격을 써야한다. 전치사를 whom앞에 두지 않으면 whom을 목적어로 번역할 수 있으므로 오해를 없애기 위해 전치사를 연결대명사 whom앞에 두어야 한다.

(2)문장 앞의 명사가 **사람이 아닌 경우**

문장 앞의 명사가 사람이 아닌 경우 주격과 목적격이 모두 같다. which나 that을 사용한다.

①문장 앞의 명사가 **주어**가 되는 경우   I have a dog which is small.

②문장 앞의 명사가 **목적어**가 되는 경우 I have a dog which I hate.

③문장 앞의 명사가 **보어**가 되는 경우

④문장 앞의 명사가 **전치사의 목적어**가 되는 경우

I want a chair which I will sit on. =I want a chair on which I will sit.

전치사+ which에서 which는 앞의 명사를 반복하는 명사이다. 전치사 + which는 전명구로서

부사가 되므로 부사인 where로 바꿀 수 있다. I want a chair where I will sit.

 where I will sit는 a chair를 설명해주는 형용사 절이다. where는 부사이고 번역은

"나는 원한다 어떤 의자를 근데 이 의자 위에 나는 앉을 것이다"가 된다. where의 품사만 부사이고 where로 이끄는 절은 a chair를 설명해주는 형용사 절이다. 여기서 한 가지 알아야 할 점이 있는데 보통 연결대명사 앞에 전치사를 쓰는 것이 일반적이지 전치사를 문장 맨 뒤로 빼는 것이 일반적이지는 않다는 것이다.

I want a chair which I will sit on. 이렇게는 거의 쓰지 않는다. 그 이유는 독자의 독해에 방해가 되기 때문이다.

I want a chair on which I will sit. 보통은 이런 문장형식으로 쓴다. 그래야 독자의 이해에 방해가 안 된다. 전치사 on이 which앞에 명백히 있으므로 정확한 번역을 할 수 있다.

He lives in **Busan** in which my friend lives. ➔which는 앞의 명사 Busan을 반복한다.

in which를 where로 바꾸면 where는 명사인 Busan을 반복하는 부사가 된다. where my friend lives.에서 where가 부사의 위치에 해

당하므로 where는 부사가 된다.

He lives in **Busan** where my friend lives. (그는 산다 그 위치는 부산인데 근데 이 부산에서 친구가 살고 있다) where가 부사라고 해서 where my friend lives가 부사절이 되는 것이 결코 아니다. where만 부사일 뿐 where my friend lives는 형용사절이 된다. 왜냐하면 where my friend lives가 명사 **Busan**을 설명해주고 있기 때문이다.

She knew how to create suspense before the psycho-thriller was thought of.

(그녀는 알고 있었던 것은 어떻게 창조하는 가이다 긴장감을 앞으로 일어날 일은 싸이코 공포물이 계획하는 것이다 긴장감을) suspense 가 thought of의 of의 목적어이다. 따라서 번역시 suspense를 of의 목적어로 해서 번역한다. 여기서 of는 목적어로 번역한다. before가 연결대명사로 쓰인 문장이다.

be+pp of의 번역은 그냥 of를 목적어로 해서 번역하면 된다.be+pp of에서 pp는 주어의 상태를 나타내므로 일종의 형용사라고도 할 수 있다. be+형용사 of에서 형용사가 동사의 뜻을 갖고 있는 형용사라면 이때의 of는 목적격of가 된다. 따라서 of를 목적어로 번역하면 된다.

I am afraid of a snake.(나는 두려워한다 뱀을)

the psycho-thriller was thoght of suspense.(싸이코 공포물은 계획했다 긴장감을)

나. 앞의 명사를 형용사로 반복하는 경우➡연결형용사절

문장 앞의 명사를 반복할 때 앞 명사의 형용사(소유격, 형용사)로 바꿔서 반복한다.

(1)which 명사: which가 명사 앞에 왔으므로 which는 형용사가 된다.

①주어로 쓰인 경우

She sat down by the fireside quietly, which behavior let him keep silent.

(그녀는 앉아 있었다 가까이에 있는 것은 난롯가이다 조용히, 그런 행동이 하도록 했다 그가 유지하도록 조용히) which앞 문장 전체를 반복해서 앞 문장 전체를 형용사로 바꿔서 반복했다.

②목적어로 쓰인 경우

This book is written in English which language they don't know.(이 책은 쓰여져 있다 영어로 근데 이 영어의 언어(영어라는 언어)를 그들은 모른다)

which=English's 소유격은 "~의" 또는 "~가 가지는" 또는 "~라는"으로 번역할 수 있으며 특히 소유격은 동격이 될 수 있다. 여기서는 소유격이 동격으로 쓰여서 "영어라는 언어"로 번역되었다.

He gave me a gift, which thing I received for the first time.

(그는 주었다 나에게 어떤 선물을, 근데 그 선물이라는 것을 나는 받았다 처음으로)

여기서는 which는 소유격중에서도 동격으로 "~라는"으로 번역된다.

③전치사의 목적어로 쓰인 경우

He stayed there for ten days, during which time he visited his old friend.

(그는 머물렀다 그곳에 그 기간은 10일, 계속 진행되는 동안은 10일이라는 시간이었는데 그 동안 그는 방문했다 그의 옛 친구를)

which=the ten days

She did not arrive until seven o'clock, at which hour he was already dead.

(그녀는 7시가 되어서야 도착했으며, 그 시간에 그는 이미 죽어있었다)

which=seven o'clock's 앞의 명사인 seven o'clock을 반복하는데 반복하면서 형용사인

소유격으로 바꿔서 반복했다. 즉, seven o'clock이 형용사가 되었다.

(caution) Choose which toy you want. (여기서 which는 의문사로서 toy를 꾸며준다.

➡ 골라라 어떤 장난감을 그 장난감을 네가 원한다) which가 의문사로 쓰였지만 그 품사는 형용사이다. 왜냐하면 명사 앞에 있기

때문이다.

Choose whichever toy you want. (골라라 어떤 장난감이라도 네가 원하는)

(2)whose

There once lived in Busan a very wise man whose name was Hong Gil Dong.

(거기에는 한 때 살았었다 그 위치는 부산이었고 살았던 사람은 매우 현명한 사람이었는데 그 남자의 이름은 상태였다 홍길동)

whose=the man's 앞의 명사인 a very wise man을 반복하는데 반복하면서 형용사인 소유격으로 바꿔서 반복했다.

(3)what

 what+ 명사에서 what은 명사 앞에 있으므로 형용사이다. what절은 항상 명사절이다. what이 형용사로 쓰이면 번역은 "뭔가에 해당하는"의 뜻이다. 이 때의 "뭔가에 해당하는"의 뜻은 의문의 뜻이 아니라 정도에 해당한다는 뜻이다.

Have what book I wrote.(가져라 뭔가에 해당하는 책을 근데 그 책

을 내가 썼다)

I spent what little money I had. (나는 소비했다 뭔가에 해당하는 극히 일부분의 돈을 근데 그 돈을 내가 가졌었다)

I ate what few apples I had. (나는 먹었다 뭔가에 해당하는 극히 일부분의 사과를 근데 그 사과를 내가 가졌었다)

(다) 앞 문장의 명사를 부사로 반복하는 경우→연결부사절
(1)앞의 단어가 장소일 경우

This is the village where I was born.(이것은 상태이다 그 마을 근데 이 마을에서 나는 태어났다.) where이 앞 명사 village를 반복하면서 부사로 반복했으므로 연결부사가 된다.

앞의 명사 village를 받아서 부사로 반복했지만 결국 앞의 명사를 부사로 설명한 것이므로 이때의 where I was born은 형용사절이 된다.

He lives **in Busan** where my friend lives.

where는 명사 Busan을 반복한다. 명사 Busan을 반복하면서 부사로 반복하므로 연결부사가 된다.

(비교)He lives in **Busan** in which my friend lives. which는 앞의 명사 Busan을 반복하는데 명사로 반복한다.

(2)앞의 단어가 시간일 경우

Tuesday is the day when we come to our house.

(화요일은 그 날인데 근데 그 날에 우리가 우리 집에 옵니다)

when이 앞 명사 day를 반복한다. 명사 day를 반복하면서 부사로 반복하므로 연결부사가 된다.

비록 부사로 반복했지만 명사 day를 설명했으므로 when we come to our house은 형용사절이다.

I get up **at 7** when my father works in the garage.(나는 일어난다 7시에 그 때(그 7시에) 아버지는 일하신다 그 위치는 차고이다) when은 부사 **at 7**을 반복하는데 부사를 부사로 반복했으므로 연결부사가 된다. 부사 자체를 반복했으므로 when my father works in the garage는 부사절이 된다.

부사절이란 부사를 설명하는 절을 말한다.

(비교)I get up at **7** on which my father does.(나는 일어난다 7시에 7시에 접하자마자 아버지는 일어나신다) which는 앞의 명사 7시를 반복했지만 전치사 on이 있으므로

on which는 부사가 된다. on which=on 7이므로 on which는 부사가 된다. on which my father does는 명사 7를 설명하므로

형용사절이 된다. on은 "접하다"는 뜻이며 시간에 접하면

"시간에 접하자마자"라는 뜻이 된다.

(3)where과 when의 비교

①where

ⓐ앞 문장에 장소가 있는 경우: **그 곳(장소)**

I visited the house where my friend lived.

(나는 방문했다 그 집을 근데 그 집에서 친구가 살았다) where my friend lived는 the house를 설명하고 있으므로 형용사절이다.

ⓑ앞 문장에 장소가 없는 경우: **어디서나 하면 ~한 곳에서**이다.

2012년 20번

After seven months, the first toys made landfall on beaches near Sitka, Alaska, 3,540 kilometers from where they were lost. (먼저 지나간 것은 7개월이었고, 첫 번째의 장난감들이 도착한 랜드폴 이 랜드폴에 접한 곳은 해변가이고 가까운 곳은 Sitka, 알라스카인데 3,540킬로미터이고 출발점은 어디냐하면 장난감들이

분실된 곳이다)

명사절이 전치사의 목적어가 된 경우이다.

②when

ⓐ앞 문장에 때가 있는 경우: **그 때**

2014년43번

　In　the　1950s,　when　my　dad　was　a　little　boy,　my　grandpa　built　a　cottage.

(그 때는 1950년대인데, 그 때 아빠는 상태였다 꼬마였다 할아버지는 지었다 오두막집을)

ⓑ앞 문장에 때가 없는 경우:

（ⅰ）**그 때**

2013년 23번

　I　was　about　150　yards　off　the　beach,　when　I　felt　a　sudden　chill　in　the　air.

내가 있었다 약 150야드 떨어져 있었던 것은 해변이었다, **그 때** 느꼈다 갑작스런 추위를 그 위치는 공기 중)

（ⅱ）**언제냐 하면 ~할 때이다.**

2014년 30번

　When　he　was　eight　years　old,　his　father　died. (**언제냐하면** 그가 8살 **때에**, 그 자신의 아버지가 죽었다) 주어가 같을 때의 소유격은 번역을 하지 않거나 "자신의"로 번역한다.

2)연결대명사 앞에 콤마가 있는 경우와 없는 경우의 차이점.

마침표는 문장이 끝났다는 기호이고 콤마(,)는 문장이 끝나긴 끝났지만 아직 할 말이 남아있다는 기호이다.

(1)연결대명사 앞에 comma가 없는 경우

She has three daughters who are pretty.(그녀에게 딸이 몇 명 있는지 모르지만 그 중에 세 명의 딸은 예쁘다)는 뜻이다. 명사의 범위를 세 명으로 제한하고 있다.)

관계대명사 who를 딱 보면 순간적으로 머리 속에 "아하~ 딸이 세 명 보다 훨씬 많지만 세 명으로 제한 하고 있구나"하고 생각해야 한다.

(2)연결대명사 앞에 comma가 있는 경우

She has three daughters, who are pretty.(그녀는 가지고 있다 세 명의 딸들을, 근데 그 세 명은 예쁘다) 콤마(,)가 있으므로 문장이 일단은 끝났다는 것을 알 수 있다. 즉, 그녀는 딸이 세 명 있다, 그런데 그 세 명 모두 예쁘다는 뜻이다.

연결대명사 ,who를 딱 보면 순간적으로 머리 속에 "아하~ 딸이 정확히 세 명 있구나"하고

생각해야 한다. 연결대명사 앞에 comma가 있으면 앞 문장이 일단 끝났기 때문에 그 앞 문장의 명사로 그대로 끝나게 된다.

3)that

(1)연결대명사로 that을 써야만 하는 경우

  that의 원 뜻은 "그것"이다. 즉, 지시하는 뜻이 엄청 강하다. 연결대명사로 that이 나오면 강조의 뜻이 있고 따라서 that이 목적격 연결대명사로 쓰일 경우 생략하면 강조의 뜻이 사라지게 되므로 원칙적으로 that은 생략하면 안 된다. 그런데 학교에서는 목적격 연결대명사 that도 생략할 수 있다고 한다. 이상한 일이다.

①that은 전치사와 같이 쓰지 않는다.

He met the teacher about that we talked.(X)

He met the teacher that we talked about.(O) 전치사는 뒤의 단어

를 전치사의 뜻으로 제한하는데 that 또한 제한하는 뜻이 워낙 강해 전치사의 제한을 받기 싫어한다. 그래서 전치사와 that은
함께 쓰이지 않는다.

②제한하는 뜻이 강한 형용사가 앞에 오면 제한하는 뜻이 강한 that 을 쓴다.

 제한하는 뜻이 강한 형용사는 제한하는 뜻이 강한 that과 서로
잘 어울린다.

최상급 형용사, 서수 형용사, the very, the only, the same, no, all 등이 앞에 오면 that을 쓴다. 최상급 형용사와 서수 형용사는, the very, the only, the same, no, all등은 그 자체적으로 제한하는
뜻이 매우 강하다. 최상급은 "최고는 하나라는"뜻이므로 그 제한하는 뜻이 매우 강하고 서수 형용사 역시 순서를 나타내는 형용사이므로 제한하는 뜻이 매우 강함을 알 수 있다.

All that glitters is not always gold.(반짝이는 것이라고 해서 모두 금은 아니다.)

the very(바로 그).

That's the very massage chair I want to buy.(그것이 바로 그 마사지 의자인데 그 의자를 내가 원한다 사는 것을)

서수형용사란 첫째, 둘째, 셋째처럼 순서를 나타내는 것을 말한다.

 fitst, second, third는 순서를 나타내므로 서수형용사라고 한다.

기수형용사란 하나, 둘, 셋, 넷처럼 순서를 나타내는 것이 아니고
단순히 개수를 세는 것을 말한다,

that 번역시 "진짜로"란 뜻이 추가된다. 왜냐하면 that은 제한하는 뜻이 엄청 강하기 때문이다.

He is the greatest teacher that I know.(그는 가장 위대한 선생인 데 근데 **진짜로** 그 위대한 선생을 나는 알고 있다.) that I know란

"내가 알고 있는 한"이란 뜻으로 내가 알고 있는 사람으로 극히 제한하고 있다. that을 보면 순간적으로 머리 속에"아하 앞의 명사는 that이하에서 극히 제한되고 있는 명사구나"하고 알아야 한다.
This is the first woman that I met. (이 분은 최초의 여성인데 근데 **진짜로** 그 최초의 여성을 내가 만났다.) that I met란 "내가 만났던 "이란 뜻으로 내가 만났던 사람으로 극히 제한하고 있다.
(주의) 제한하는 뜻이 강한 형용사가 앞에 오면 that앞에 comma를 찍을 수 없다.
He is the greatest teacher, that I know.(그는 가장 위대한 선생인데 근데 **진짜로** 그 위대한 선생을 나는 알고 있다.) 제한하는 뜻이 강한 형용사와 제한하는 뜻이 강한 that은 궁합이 맞기 때문에 서로 붙어 있어야만 한다. 이 둘을 comma로 떨어뜨려 놓으면
제한하는 뜻이 사라지게 된다.
that앞에 comma를 찍어버리면 that의 제한하는 능력은 사라지고 그냥 내가 알고 있다는 뜻이 된다. 즉, 제한적으로 내가 알고 있는 사람들 중에 최고로 위대한 선생이란 뜻이 아니고 그냥 최고로
위대하다고 주장하는 선생을 내가 알고 있다는 뜻이 되는데 사실
이렇게 쓰는 경우는 거의 없다.
그래서 ,that을 쓸 경우 that은 앞의 명사를 반복하는 것이 아니고 앞 문장 전체의 결과적인 사실을 반복한다
③ **앞의 단어가 사람과 사물이 동시에 있을 때**
 사람의 경우에는 who, 사물의 경우에는 which인데 어느 것을 써야 할 지 결정할 수 없으므로 that을 쓴다. The girl and the dog that I like run on the ground.(그 소녀와 그 개를 내가 좋아하는데 그 소녀와 개가 달리고 있다 접촉하고 있는 면은 운동장이다)
④**앞의 단어가 의문사일 경우**

연결대명사 who나 which를 쓰면 어떤 것이 의문사이고 어떤 것이 연결대명사인지 혼동되므로 당연히 that을 써야 한다.

Who that reads the book can believe it. (그 책을 읽은 사람이면 누가 그것을 믿겠는가?)

⑤앞 단어 하나에 두 개의 형용사 절이 오는 경우

첫 번째 형용사절에 that을 쓴다.

She is the girl <u>that he knows</u>, <u>who has a good knowledge of art.</u> (그녀는 소녀인데 근데 그 소녀를 그가 알고 있으며, 그 소녀는 갖고 있다 상당히 충분한 지식 이 지식과 직접 관련있는 것은 예술)

the girl을 <u>that he knows</u>와 <u>who has a good knowledge of art</u>를 이용해서 설명하고 있다.

⑥제한하는 뜻이 강할 때 that을 쓴다. that과 which는 서로 바꿔 쓰면 안 된다.

My car that is red goes fast.(나의 자동차는 빨간색인데 근데 그 차는 달린다 빠르게)

→내가 여러 가지 색의 자동차를 가지고 있는데 그 중에서 빨간색 자동차가 정말 빠르다는 뜻이다. →My car다음에 that이 나오면 순간적으로 머리 속에는 "아하, 이 사람의 차는

여러 대구나"라고 알아차려야 한다. 그 여러 대 중에서 빨간 색 차라는 말이 된다.

My car which is red goes fast.(나의 자동차는 빨간색인데 근데 그 차는 달린다 빠르게)

→My car다음에 which가 나오면 순간적으로 머리 속에는 "아하, 이 사람의 차는 한 대구나"라고 알아차려야 한다. 이 한 대가 빨간색이란 뜻이다.

⑦앞 문장 전체를 반복할 때는 ,that을 사용하거나 ,which를 사용한

다.

㉠,that을 사용하는 경우➡앞 문장이 사실이라는 것을 반복할 때 ,that을 사용한다.

He had talent, that was for sure.(그는 가지고 있다 재능을, 근데 그가 재능을 가지고 있다는 **그 사실은** 틀림없다)

㉡,which를 사용하는 경우➡앞 문장의 내용을 반복할 때 ,which를 사용한다.

Black bears eat herbs after their winter sleep, which helps the bears to get over their tiredness.(검은 곰들은 먹는다 허브를 먼저 일어난 것은 그들이 겨울 잠을 잔 것인데

검은 곰들이 허브를 먹는 **그것(내용)은** 도움을 준다 그 곰들이 하고자 하는 것은 극복하는 것이다 그들의 피곤함을) 앞 문장의 내용을 반복할 때 ,which를 사용한다.

정리하면 앞 문장의 결과적인 사실을 반복할 때는 that을 사용하고 단순히 앞 문장의 내용을 반복할 때는 ,which를 사용한다.

⑧선행사가 ~thing, ~body로 끝난 경우

Is there anything I can do?

(2)연결대명사로서that을 쓰면 안 되는 경우

앞 문장내의 명사를 반복하는 경우 ,that을 사용할 수 없다. 왜냐하면 ,that은 앞 문장 전체를 반복하기 때문이다. 앞 문장의 명사를 반복하는 것은 which나 who로 한다. that은 "그것은" 또는 "그 사실은"의 뜻이다.

Everybody likes Tom, that is kind.(X)(모든 사람이 좋아한다 탐을, 근데 그것은 친절하다.) 논리상 틀린다. 친절한 것은 Tom이므로 Tom을 반복하는 연결대명사 who가 와야 한다.

Everybody likes Tom, who is kind.(O) (모든 사람이 좋아한다 탐

을, 근데 그 탐은 친절하다.)

They will really help Tom, that makes his mother comfort.(그
들은 진실로 도와주려고 한다 탐을, 근데 그 사실이 만든다 탐의 어
머니로 하여금 편안하게)

He had talent, that was for sure.(그는 가졌다 재능을, 그 사실은
확실하다)

4) 설명절(기존의 동격절)

명사+접속사 절의 경우 일단 마음속으로 접속사 절이 앞의 명사를
꾸며주는지 만들어보고 만일 꾸며주면 접속사 절이 완전하든 불완전
하든 상관없이 명사를 꾸며 주는 형용사 절이 된다. 여러 개의
접속사가 있다.

①when

기존의 동격절이라고 하는 것도 결국은 문장 앞의 단어를 설명해주
는 절이므로 형용사 절이 된다. 보통 문장 앞의 단어는 물질명사이거
나 추상명사가 온다.

A severe illness **when she was just nineteen months old**
deprived Helen Keller of both her sight and hearing. (헬렌켈러
가 겨우 19개월 되었을 때 걸린 상당히 심각한 질병이 빼앗아 갔다
헬렌켈러에게서 본질적으로 직접 관련있는 것은 두 가지 시력과
청력이다) **when she was just nineteen months old**가 앞 단어 A
severe illness를 설명해주는 형용사 절이 된다.

when she was just nineteen months old 이 문장에서는
문장 중에 빠진 부분이 없다. 이렇게 빠진 부분이 없어도 논리적으로
when절이 앞의 명사를 설명해주고 있으면 형용사 절이 된다.

②that

I heard about the news **that Apple bought Microsoft.** (나는 애플이 마이크로소프트를 샀다는 뉴스에 관해서 들었다) **that Apple bought Microsoft**이 the news를 설명해주는 형용사 절이 된다. **that Apple bought Microsoft** 이 문장에서는 문장 중에 빠진 부분이 없다. 이렇게 빠진 부분이 없어도 논리적으로 **that**절이 앞의 명사를 설명해주고 있으면 형용사 절이 된다.

③before

She wrote the letter on the day before I left America. (그녀는 썼다 그 편지를 그 날이 되자 (접해서), 그 날 이후 나는 떠났다 미국을) before는 "이 후"로 번역한다. before절이 the day를 설명해줌으로 형용사 절이 된다.

④after

My father was dead in the year after you entered the college. (아버지는 돌아가셨다 그 때는 그 해이었고 먼저 일어난 것은 네가 들어간 것이다 대학교에) after는 "먼저 일어난 것은" 으로 번역한다. after절이 앞의 명사 the year를 설명해주고 있으므로 after절이 형용사 절이 된다.

5)형용사절을 이끄는 그 밖의 연결대명사

(1)than

①주격연결대명사

There is more money than is needed.

(거기에는 있다 더 많은 돈이 그 기준은 돈이 필요되어 지는 것이다) money is needed(돈이 필요하다) 말이 되므로 **than is needed**는 money를 설명해주는 형용사 절이 된다. than은 주격연결대명사이다.

②목적격 연결대명사

You have more books **than I have.**

(당신은 가지고 있다 많은 책을 그 기준은 그 책을 내가 가지고 있다)

③연결대명사 what처럼 앞 단어를 포함하고 있는 경우

The next war will be more cruel than can be imagined.

(다음 전쟁은 더 잔인할 것이다 그 기준은 그 전쟁이 상상되어 질 수 있다

(2) but =that ~ not

There is no rule but has exceptions.

(거기에는 없다 규칙이 하지만 그 규칙은 가지고 있다 예외를)

(3) as

①주격 연결대명사

As many men as came were invited.

(아주 비슷하게 많은 남자들 무엇만큼 온 사람들만큼 그 남자들이 초대되었다) as가 앞의 men을 반복하는 주격연결대명사이다.

He is a foreigner, as is evident from his accent.

(그는 이다 외국인, 그것은 그의 말투에서 나타난다)

as는 동격이므로 앞 문장 전체를 그대로 받을 수 있는데 그 앞 문장 전체를 as가 받았으므로 번역을 "그것은"으로 한다.

②목적격 연결대명사

such A as B : 그런 A를 아주 비슷한 것은 B

I want such a bag as the doctor carries.

(나는 원한다 그런 가방을 근데 그런 가방과 아주 비슷한 것을 그 의사는 가지고 다닌다.)

the same A as B : 그 똑같은 A를 아주 비슷한 것은 B

I have the same knife **as you have.**

(난 가지고 있다 그와 똑같은 칼을 근데 그것과 똑같은 칼을
네가 가지고 있다)

(caution) I have the same knife that you have. (나는 네가 가지고 있던 바로 그 칼을 가지고 있다)

*as가 앞 문장 전체를 목적어로 받는다.

They were really villages in themselves, as later Spanish explorers must have realized.

(그들은 상태였다 실제적인 마을 그들 자체로, 그것들이 실제적인
마을이었다는 것을 나중에 온 스페인 탐험가들이 깨달았음에
틀림없다)

③문장 앞의 명사가 **보어**가 되는 경우

He isn't the same as he was before. (그는 이전의 그와 똑같지
않다) as he was에서 보어가 없다. the same이 보어가 된다. 즉,
he was the same before. (그는 이전과
똑같았다.) 말이 되므로 as he was before는 the same을 설명해주
는 형용사 절이다.

6)연결대명사의 생략

생략해도 말이 되는 경우는 생략하고 생략해서 말이 안 되는 경우는
생략하지 않는다.

(1) 연결대명사 앞에 콤마(,)가 있을 경우 생략 못한다.

He made a remark, which I didn't understand. which가 목적격
연결대명사인데

which를 생략하면 He made a remark, I didn't understand. 생략

시 무슨 말인지 알 수가 없다.

(2) 전치사가 연결대명사 앞에 있는 경우 연결대명사를 생략 못함.

He met the teacher about whom we talked. whom을 생략하면 무슨 말인지 알 수가 없다.

(3)생략해도 되는데 생략 안했다면 작가가 강조하고 있음을 알아야 한다.

There is a boy who is running. = There is a boy running. 생략해도 말이 된다.

He is the person who is the best teacher. 여기에서 who is를 생략하면

=He is the person the best teacher.(X) 관계대명사 who is는 생략해도 된다고 하는

책이 있는데 이런 문장에서는 생략하면 안 된다. 명사 뒤에는 형용사가 나와서 명사를 설명해줘야 하는데 명사 뒤에 명사가 나왔으므로 틀린 문장이 된다.

8)연결대명사 앞에 설명받는 명사(선행사)가 생략된 경우

모든 접속사는 그 앞에 the thing이 문맥상 생략된 것으로 해석할 수 있다.

It is not work but overwork **which is hurtful**. ➜**which is hurtful**= **the thing which is hurtful**. (해로운 것은 일하는 것이 아니라 지나치게 일을 하는 것이다)

It is mankind **what threatens all of mankind**.

what threatens all of mankind=the thing which threatens all of mankind. (인류을 위협하는 것은 인류이다)

(수능2013년 33번)

because the faint scent of pine that lingers on it is all that remains **of someone's sixteenth summer.** (옷 표면에 은근히 남아 있는 소나무의 바로 그 옅은 향만이 누군가의 16번째 여름(속)에 여전히 남아 있는 모든 것이 된다)➜that=the thing that

9)형용사절의 결론

명사+ 접속사절에서 무조건 접속사 절이 명사를 꾸며주는지 말을 만들어보아서 말이 되면 이때의 접속사절은 그냥 형용사절이 된다. 묻지도 따지지도 않는다.

[부사절]

 부사는 동사, 형용사, 부사, 문장의 앞에서 꾸며주거나, 뒤에서 동사, 형용사, 부사, 문장을 설명해준다.

1)부사절이 동사파생 형용사의 목적어가 되는 경우

☞주어가 동사파생형용사 한 것은

 여기서 부사의 뜻에는 목적이 있는 것을 알 수 있다. 따라서 부사절은 목적절이 될 수 있다. 한글 번역 상 목적어로 번역되는 자리에 부사절이 올 수가 있는 것이다. 결국 목적절은 크게 두 가지가 있게 된다. 하나는 명사절로서 **목적어절**과 부사절로서의 **목적절**이다.

I am sure **that you will pass the exam.** (내가 확신하는 것은 네가 합격할 것이라는 것이다 그 시험에) 동사에서 파생한 형용사는 목적어를 가질 수 있다.

that you will pass the exam은 sure의 목적어가 된다. 동사의 목적어는 품사가 명사이지만 형용사의 목적어의 품사는 부사이다.

형용사의 목적어이므로 부사절이 된다. 형용사의 목적어란 형용사를 설명해주는 것이므로 부사절이 된다.

(참고)I am sure of your passing the exam.(나는 네가 시험에 합격하는 것을 확신한다)

of your passing the exam이 sure의 목적어가 된다. 형용사의 목적어이므로 부사이다.

동사파생 형용사는 목적어를 가질 수 있으며 이 동사파생 형용사가 목적어를 가질 때에는 전치사 of를 사용한다.

I'm aware that I am fat. (내가 알고 있는 것은 내가 뚱뚱하다는 것이다) =I am aware of being fat.

that I am fat는 aware의 목적어이고 형용사의 목적어이므로 부사절이 된다.
2)부사절이 앞의 형용사를 설명해주는 경우
☞그 이유는
2001년도 28번

I was surprised that there were a large number of books.(나는 상태였다 놀란

그 이유는 거기에는 있었다 셀 수 없을 정도로 많은 책들이)

3)부사절이 앞의 부사를 설명해주는 경우
☞그 명사란

앞의 명사를 설명해주면 형용사 절이 되듯이 앞의 부사를 설명해주면 부사절이 된다.

2013년 33번

Clothes document personal history for us the same **way** that fossils chart time for

archaeologists.(옷은 문서에 기록한다 개인의 역사를 대신하는 대상은 우리인데 똑같은 방법인데 그 방법이란 화석이 기록한다 연대를 대신하는 대상은 고고학자들이다)

☞that fossils chart time for archaeologists이 앞의 부사 the same way를 설명해주므로 부사절이 된다. the same way는 통째로 하나의 부사가 된다.

4)부사절이 앞 문장을 설명해주는 경우

that절이 부사절에 쓰이면 결과나 이유를 나타낸다.
☞그래서

He is such a smart man **that** everybody likes him.

(그는 상태이다 매우 스마트한 사람 **그래서** 모든 사람들이 좋아한다

그를)

5)연결대부사: 연결부사는 앞의 명사를 반복하면서 부사로 바꿔준다.
연결대부사는 앞의 부사(구 또는 앞 문장 전체)를 반복함은 물론 연결대부사 본래의 단어 뜻도 번역해야 한다.

 2013년 45번

For example, a mediator who takes sides is likely to lose all credibility, as isadvocate who seeks to adopt a neutral position. (예를 들면, 한 쪽 편을 드는 중재자는 모든 신뢰성을 잃기 쉬운데 **그런 것과 마찬가지로** 중립성을 지키려고 애쓰는 지지자도 그럴 것이다)

as가 앞의 문장 is likely to lose all credibility를 반복하므로 as가 연결대부사가 되고 도치된 문장이다.

즉, 주어는 advocate who seeks to adopt a neutral position이고 동사는 is이고 as는 연결대부사가 된다.

6)의문사ever가 부사절이 되는 경우 =no matter 의문사
번역: -ever은 "~든지" 또는 "~라도"로 번역한다.

 "~든지" 또는 "~라도"는 본동사 뒤에 붙이든지 아니면 의문사 뒤에 붙인다.

 Whatever language you may learn, you must study English first of all.

(네가 무슨 언어를 배운다 **할지라도**, 반드시 영어는 무엇보다도 먼저 배워야 한다)

(네가 배우는 어떤 언어**일지라도**, 반드시 영어는 무엇보다도 먼저 배워야 한다)

whatever language=no matter what language

Whichever way you take it, it doesn't matter. (네가 어떤 길을 택하더라도 문제가 안 된다.)

(네가 택하는 어떤 길일지라도 문제가 안 된다.)

whichever=no matter which way

Whoever may come in, it doesn't matter. (누가오더라도 문제가 안 된다)

whoever=no matter who

Wherever you are, call me. (네가 어디에 있더라도, 나에게 전화해라) (네가 있는 곳이 어디라도, 나에게 전화해라) wherever=no matter where

no matter what

☞어떠한 문제도 없다 무엇이든지 간에

No matter what you find, I'm not scared. (어떠한 문제도 없다 무엇이든지간에 네가 찾아도, 나는 무섭지 않다)

no matter who

☞어떠한 문제도 없다 누구든지 간에

No matter who you are, you deserve to receive my support. (어떠한 문제도 없다 누구든지 간에, 네가 받을 자격이 있는 것은 나의 지원이다) deserve는 "받을 자격이 있는 것은"으로 번역한다.

no matter when

☞ 어떠한 문제도 없다 언제든지 간에

No matter when you sleep, you have to do your homework.(어떠한 문제도 없다 언제든지 간에 네가 잠을 자도 너는 해야만 한다 너의 숙제를)

no matter where

☞ 어떠한 문제도 없다 어디든지 간에

- 160 -

No matter where you go, I'll follow you.(어떠한 문제도 없다 어디든지 간에 네가 간다 해도, 나는 따를 것이다 너를)

no matter how

☞**어떠한 문제도 없다 어떻든지 간에**

No matter how delicious the food is, it's too expensive to eat.(어떠한 문제도 없다 어떻든지

간에 그 음식이, 그 음식은 지나치게 비싸다 먹기에)

7)부사절의 시제

(1)부사절 자체가 추측의 뜻을 가지고 있다면 추측의 뜻을 나타내는 will을 사용하면 안 된다.

 If it will be fine afternoon, we will go on a picnic.(X) If it is fine afternoon, we will go on a picnic.(O) (만약 날씨가 좋으면 오후에 우리는 갈 것이다 소풍을.)

 ➜If가 "만약 ~한다면"의 뜻이므로 추측의 뜻이 들어있다. 따라서 추측의 뜻을 나타내는 will을 사용하면 이중으로 추측을 하게 되므로 안 된다.

(2)부사절이라고 해도 주어의 의지가 있다면 will을 써야 한다.➜미래를 나타내는 부사절은 현재시제가 미래를 대신한다는 엉터리 문법은 버리세요.

If you will pass the exam, you must study English hard.

(만일 네가 통과하고자 한다면 그 시험에, 너는 반드시 공부해야만 한다 영어를 열심히)

If you pass the exam, you must study English hard.(X)

➜논리상 맞지 않아서 틀린 문장이 된다. (네가 시험에 통과한다면, 너는 열심히 공부해야만 한다)???????

(3)명사절의 뜻이 불분명할 경우 추측을 나타내는 will을 쓴다.

I don't know if she **will** come here tomorrow. (그녀가 내일 여기에 올지 안 올지 모른다)

When the girl **will** come back is unknown to her family. (언제 그녀가 돌아올지 그녀의 가족에게 알려지지 않았다)

(caution) 명사절이라도 명백하면 즉 추측이 들어있지 않다면 추측을 나타내는 will을 쓰면 안 된다

I know that she comes here tomorrow. (내가 알고 있는 것은 그녀가 온다는 것이다 여기에 내일) ➡ 내일 반드시 그녀가 온다는 뜻이다.

I know that she will come here tomorrow.(X)➡그녀가 올 것이라는 추측을 내가 안다는 것은 어법 논리상 맞지 않다. ➡ I don't know if she will come here tomorrow.(O)

➡올지 안 올지 모르므로 추측의 will을 쓸 수가 있다.

(정리)명사절이든 부사절이든지 상관없이 절 자체에 추측의 뜻이 들어있으면 추측을 나타내는 will을 쓰면 안 되며 또한, 뜻이 명백한 절일 경우에도 추측을 나타내는 will을 쓰면 안 된다. 명사절이든 부사절이든 상관없이 의지를 나타내면 의지를 나타내는 will을 쓸 수 있으며 이 때의 will은 추측이 아니라 의지의 will이 된다. will은 추측 또는 의지를 나타내는데 문맥에 따라 추측이 되기도 하고 의지가 되기도 한다.

8)부사절을 이끄는 접속사

어떤 단어나 구가 접속사의 위치에 있으면 접속사가 된다. 접속사가 되려면 어떤 단어나 구 뒤에 주어+동사가 오면 된다. 즉 "어떤 단어(구)+ 주어+ 동사"에서 어떤 단어(구)가 접속사가 된다.

2013년 45번

Mediation parallels advocacy in **so far as** it tends to involve a process of negotiation. (중재가 협상이라는 과정을 포함하는 경향이 있다는 **점에서** 중재는 변호와 유사한 점이 있다.) so far as다음에 주어+동사가 나왔으므로 **so far as**는 접속사가 된다.

in **so far as**:~라는 점에서

[comma]

comma는 일단 문장이 끝났다는 것을 나타낸다. 마침표는 문장이 완전히 끝난 것이고 comma는 거의 끝났다는 뜻이다. 결국 comma가 있으면 다른 문장이 됨으로써 뜻에 있어서 차이가 있게 된다. comma를 찍는 근본이유는 오해 없이 뜻을 명확하게 전달하기 위해서이다.

1. 앞 명사, 단어

앞 명사, 단어에서의 comma는 바로 앞에 있는 앞 명사를 설명하는 것이 아니고 앞 명사 이전에 있는 명사를 설명한다.

→ 여기서 단어란 명사, 형용사, 준동사, 전명구, 절을 말한다.

1) **앞 명사, 단어**가 바로 앞에 있는 앞 명사를 설명하는 것이 아니고 동사를 설명하는 부사가 되는 경우

The teacher hit a student with a rod.

(그 선생님은 막대기를 가지고 있는 어떤 학생을 때렸다)

→ with a rod가 전명구로서 a student를 설명하는 형용사가 된다.

The teacher hit a student ,with a rod.

(그 선생님은 막대기로 어떤 학생을 때렸다)

comma를 사용하면 일단 문장이 끝났다는 뜻이므로 a student와 ,with a rod는 관계가 없다. ,with a rod의 주어는 이제 The teacher가 되므로 막대기를 손에 든 사람은 학생이 아니라 선생이 된다. ,with a rod 는 부사로서 hit를 설명한다.

2) comma가 바로 앞에 있는 명사를 꾸미는 것이 아니고 더 앞 쪽의 명사를 꾸며주는 경우

The **technique** of suggestion, which captures people's mind, plays a key role in the process.

(암시의 기술, 그것은 사로 잡는다 사람들의 마음을, 그 기술은
중요한 역할을 한다 그 내부적인 때는 처리할 때)

,which는 바로 앞의 명사 suggestion을 반복하는 연결대명사가 아니
고 **technique**을 반복하는 연결대명사다. 만일 ,which가 suggestion
을 반복하는 연결대명사라면 comma를 찍을 필요가 없다. comma를
찍음으로서 ,which가 **technique**을 반복한다는 것을 명확히
나타내고 있다. comma를 찍으면 오해 없이 뜻을 명확히 전달할 수
있다. comma가 바로 앞에 있는 명사를 꾸미는 것이 아니고
더 앞 쪽의 명사 또는 더 앞 쪽의 문장를 꾸며줄 수 있는 경우도
있다.

The important thing when it comes to thinking the issue,
is to bounce ideas off each other.

(진짜 중요한 것은 특정 화제가 생각하는 것이라면 그 이슈를,
그 중요한 것은 공유하는 것이다 생각들을 그 대상은 서로)

, is to bounce ideas off each other.에서의 comma는 is의 주어가
issue가 아니고 저 멀리 앞에 있는 명사인 thing이 주어라는 것을
표시해주기 위해서 comma를 찍은 것이다. 만일 comma가 없으면
is의 주어는 thing이 아니라 issue가 될 수 있어서 독해 시 오해의
소지가 생기기 때문에 comma를 사용한 것이다.

2. 준동사 comma가 주절의 앞에 오면 부사가 된다. 준동사란
to부정사, ~ing, ~ed를 말한다.

comma와 주절은 서로 다른 문장인데 주어가 포함된 긴 문장을 부사
로 줄였고 그것을 표현하기 위해 comma를 찍는다.

Misguided, passion becomes obsession. (열정이 잘못 인도되면,
열정은 집착이 된다) pp는 반드시 주어가 있어야 된다. 모든 준동사

(to 부정사, ~ing, ~ed, 동사원형)에는 주어가 반드시 있다.
부사는 번역이 "목이양쪽을 치료해서 결과적으로 성공해라"이다.
여기서는 조건으로 번역되었다.

3. 명사, A, B에서 A는 명사를 설명해주고 명사와 B는 한 문장이다.

 명사, A , B➡A가 명사를 설명해주는데 왜 comma를 찍었냐하면 A
와 B는 서로 관계가 없기 때문이다. 즉, A와 B는 관계가 없다는 것
을 나타내기 위해서는 comma를 찍어야 하는데 명사와 A사이에
comma가 없으면 명사A, B가 되므로 B가 A를 설명해주는 것으로
오해할 수 있다. 따라서 comma를 양쪽에 찍어서 오해를 없애준다.
Tom, in charge of the murder inquiry, said he was confident
of catching the killer.
(탐, 살인조사를 책임지고 있다. 그 탐이 말하기를 그가 자신 있다고
한다, 그 살인범을 잡는 것) 살인조사를 책임지고 있는 탐이
말하기를 그 살인범을 잡는데 자신 있다고 했다.
in charge of the murder inquiry는 Tom을 설명해주는데 만일 in
charge of the murder inquiry, said he was~에서 inquiry와 said
사이에 ,가 없으면 said의 주어가 inquiry로 오해할 수 있으므로
comma를 찍어서 inquiry와 said가 관계가 없다는 것을 나타낸다.

4. 동격을 나타낸다.
1) 명사, 명사 : 앞 명사 즉 뒷 명사
 the most vulnerable, pedestrians and cyclists, outside cars
 (가장 연약한 사람들 즉, 차 밖의 보행자들과 자전거 타는 사람들)
cyclists와 outside cars사이에 comma가 있는 이유는 outside cars
가 설명해주는 대상이두 개이기 때문이다. 만약 outside cars가 설명

하는 대상이 하나라면 ,를 찍을 필요가 없다. comma를 찍음으로해서 outside cars가 설명해주는 대상이 두 개라는 것을 명확히 표현하고 있음을 알 수 있다. 문장 내에 comma를 찍는 이유는 수식을 정확하게 하기 위해서이다. 일반적으로 comma를 찍으면 comma 앞의 단어를 설명하지 않고 더 안 쪽의 명사를 꾸며준다.

the most vulnerable, pedestrians and cyclists, outside cars.

(가장 연약한 사람들, 즉 자동차 밖의 보행자들과 자동차 밖의 자전거 타는 사람들)

outside cars가 앞의 두 개의 명사 pedestrians and cyclists을 설명해주고 있다. comma를 찍지 않으면 어떻게 될까? pedestrians and cyclists outside cars 여기서 outsided cars는 cyclists만 꾸며주는 형용사로 오해할 수가 있다. 한 마디로 comma를 찍는 이유는 해석할 때 오해하지 말라고 작가가 찍는 것으로 comma앞의 단어를 설명하지 않고 그 앞의 단어를 설명한다.

John Adams, professor of geography at University College London (존 아담스, 즉 런던대학 교수)

They made excellent pottery and wove marvelous **baskets**, **some** so fine that they could hold water. (그들은 만들었다 훌륭한 도기류를 게다가 직조한 것은 놀라운 바구니 였는데, 몇몇 바구니들은 너무 훌륭해서 그 바구니들은 담을 수 있었다 물을) **baskets**와 **some**은 동격이다. so fine에서 fine은 명사 some을 설명하고 so는 fine을 꾸며주는 부사이다.

2)명사 or 명사

→동격으로 "즉"의 뜻이다.

The sun is divided into five layers or zones. (태양은 있다 나뉘어져 도착한 대상은 5개 층 즉 5개의 영역이다)

cannibalism, or eating human flesh (식인풍습, 즉 인간신체를 먹는 것)

5. 명사, 전명구

명사, 전명구에서 이 전명구는 형용사가 될 수 도 있는데 이 경우 바로 앞에 있는 명사를 설명하는 것이 아닌 더 안 쪽에 있는 명사를 설명한다.

The principal effect of seat belt legislation has been a **shift** in the burden of risk from those already best protected in **cars, to the most vulnerable, pedestrians and cyclists, outside cars.**
(위험부담의 이동이 가장 연약한 사람들, 즉 자동차 밖의
보행자들과 자전거 타는 사람들에게까지)
to the most vulnerable는 바로 앞의 명사 cars를 설명하는 것이 아니고 저기 안 쪽의 **shift**를 설명해주고 있다

6.명사, ~ed: ~ed는 명사를 설명하는 것이 아니라 더 앞에 있는 명사를 설명해준다.

I offered him a **nest** made of a covered **box, bedded** with straw and with a round doorway cut in the front. (나는 그에게 뚜껑이 있는 상자로 이루어져있는 둥지를 제공했는데, 그 둥지는 짚을 이용한 침대로 되어있고, 입구는 둥근 출입구로 잘라져 있다.)
bedded with straw 가 box를 설명하지 않는다는 것을 나타내기 위해 comma를 사용했다.
bedded with straw는 nest를 설명해준다. 만약, 여기서 comma가 없다면 I offered him a nest made of a covered box bedded

with straw가 돼서 번역이 달라진다. (나는 그에게 짚으로 된 침대가 갖춰진 뚜껑이 있는 상자로 이루어진 둥지...) 이렇게 번역이 오해가 될 수 있으므로 comma를 찍어서 번역 상 오해가 없게 한 것이다.

 Soon my grandpa had the only small house on the block, **surrounded** by a sea of homes four times the size of his dwelling. (곧 할아버지는 그 블록에 유일하게 작은

집을 가졌는데 근데 그 집은 그가 살던 바로 그 크기보다 4배 큰 집들로 이루어진 집들로 둘러싸여졌다.)만약, 여기서 comma가 없다면 Soon my grandpa had the only small house on the block surrounded by a sea~ (곧 할아버지는 그가 살던 바로 그 크기보다 4배 큰 집들로 이루어진 집으로 둘러싸여져 있는 블록에 유일하게 작은 집을 가졌다)

번역 상 완전한 오해가 발생할 수 있다. comma를 찍어서 이러한 오해가 생기지 않도록 했다.

(중간정리)

1. **명사, 단어**가 문장 앞에 올 경우

1) 명사, A, B이면 명사와 A는 동격관계이고 명사와 B는 한 문장이다. 즉, A와 B는 관계가 없다.

2) 명사, A, B ➡A는 명사를 설명해주고 명사와 B는 한 문장이다.

2. 앞 명사, 뒷 명사가 문장에 올 경우➡동격관계이다. 보통은 앞 명사와 뒷 명사가 동격이 되지만 뒷 명사가 앞 명사 앞의 먼 앞의 명사 또는 앞 절이나 앞 명사 앞의 먼 앞의 구와도

동격이 될 수도 있다. 즉, 명사, 명사가 나올 경우 우선은 동격으로 번역해보고 동격으로 번역이 안 되면 앞 명사 앞의 앞의 명사와

동격이 되는 지 번역해보아야 한다.

3. **명사, 단어**가 문장 중간이나 뒤에 올 경우(이 때의 단어는 형용사,

전명구, 준동사, 절등이 된다)
1)단어가 명사 앞의 앞 명사를 꾸며줄 수있다.   2)단어나 전명구가
부사가 되어 동사를 꾸며줄 수 있다.

7.명사, 부사 ~ed에서 ~ed는 명사를 설명해준다.

명사, 부사 ~ed에서 명사와 부사 사이에 comma를 찍은 이유는 혹
시 부사가 명사를 설명해주는 형용사로 독자가 오해할까봐 comma를
찍은 것이므로 이 때의 ~ed는 명사를 설명해준다.
 They hunted the **bison, commonly called** the buffalo. (그들은
사냥했다 물소를 근데 일반적으로 이 물소는 불리었다 버팔로로)➡
commonly는 **called**를 꾸며주는 부사이다.**called**는 **bison**을 설명해주
는 ~ed가 된다.

8. 명사, 단어에서 단어가 설명해주는 대상

 주어 +동사 ~~ 앞 명사 ~~ 뒷 명사, 단어의 구조에서 단어가 설
명하는 대상은 보통은 앞 명사이지만 경우에 따라서는 주어가 될 수
도 있다, 왜냐하면 주어도 명사이기 때문이다.
명사, 단어에서는 ,단어는 명사를 설명하는 것이 아니다. 명사를 설명
하려면 comma를 찍을 필요가 없기 때문이다.

9. , and~, 는 앞 문장과 관계없고 뒷 문장과 관계있다.

Part of the American story is that bigger is better, **and with
cheap credit and tax breaks for home buyers**, it's tempting to
stretch one's finances to build or buy
a larger house. (미국 역사의 일부분은 더 큰 것이 더 좋다는 것인
데 집 구매자들을 위한 싼 신용융자와 세금 감면이 있다면,

싼 신용융자와 세금감면은 더 큰 집을 짓거나 구매하려는 사람의 재정을 확대하기 위한 구미가 당기는 일이 된다)

여기서 it은 앞 내용의 cheap credit and tax breaks를 가리킨다.

,and with cheap credit and tax breaks for home buyers,는 앞 문장과 관계없이 뒷 분장과 관계있다. comma를 찍지 않으면 앞 문장을 꾸며주는 부사로 오인할 수 있어서

comma를 찍었다. 만일 앞 문장과 관계있다면 comma를 찍지 않았을 것이다. 만약, 여기서 comma가 없다면 Part of the American story is that bigger is better and with cheap

credit가 된다. (미국 역사의 일부분은 더 큰 것은 더 좋다는 것이면서 주택 구매자들을 위한 싼 신용융자와 세금감면을 가져야 한다는 것이다)번역이 매우 이상하게 된다.

comma는 이렇게 바로 앞의 명사를 꾸며주지 않음을 이해해야 한다.

10. A, and B에서 B는 A에 속해 있다. 즉, A가 크다.
☞A중에서도 B는

American industry in general, **and American's highest paid industries in particular,** export more goods to other markets than any other nation.

(미국 기업 근데 이 기업은 일반적인 기업인데 이 기업들과 이 일반적인 기업 중에서도 미국에서 가장 많은 돈을 버는

기업들(특히)이 수출한다 더 많은 상품들을 그 대상은 다른

시장들이고 비교기준은 다른 나라이다) , **and American's highest paid industries in particular,**는 앞의 American industry in general과 관계없고 뒷 문장과 관계있다.

즉, export more goods의 주어는 American industry이지만

American's highest paid industries도 export more goods의 주어가 된다. 주어가 두 개이고 동사는 한 개인 문장이다. →미국의 일반적인 기업과 미국에서 가장 많은 돈을 버는 기업들은 수출한다
더 많은 상품들을

(비교)American industry in general **and American's highest paid industries in particular** (미국의 일반적인 산업계이면서 미국에서 가장 많은 돈을 버는 기업들이 특별히)

→논리상 어색하다. and앞에 comma가 없으면 "동시에" 또는 "게다가"란 뜻이 된다.

번역은 "~이면서(동시에)"이다. A and B에서 A와 B는 동격이지만 A, and B에서 A와 B는 동격은 아니다.

11. A , and B →원인과 결과 (~해서 그래서)

He knew instantly that a hole spells home, **and** he dashed inside.

(그가 즉시 알고 있었던 것은 구멍이 집을 의미한다는 것이었다 **그래서** 그는 안으로 뛰어
들어갔다.) 여기서 "그는"은 다람쥐를 말한다.

(2)동작의 순서를 나타낸다.(~한 후에)→ 이 경우 동작의 순서는 A and B보다는 시간상 간격이 더 길다. "잠시 후에"라는 말을 집어넣어도 될 정도이다.

The car stopped, and the driver got out.(그 차가 정지한 후 그 운전수가 내렸다)

→그 운전수가 내린 것은 그 차가 정지한 후 라는 뜻이다.

(3)문장이 길 때 정확한 주어나 목적어를 분별해준다.

They organized **a team** that helped the community and gave free teaching to the students, **and** <u>made</u> an effort to make some money. (그들은 지역사회에 도움도 주고 무료로 그 학생들에게 가르침을 줄 팀을 구성했고 어느 정도의 돈을 벌기 위해서도 노력했다) and앞에 comma가 없으면 <u>made</u>의 주어가 a team이 될 수 있다. comma를 찍음으로 made의 주어가 they임을 알 수 있다.

helped는 현재로 번역하고 organized(본동사)만 과거로 번역한다.

12. 문장 내의 삽입을 나타낼 때 사용한다.

 Blue color, on the other hand, symbolizes peace.

(푸른 색은, 한편으로는, 강조한다 평화를)

on the other hand를 삽입하기 위해서 양쪽에 컴마를 찍었다.

만일, 컴마가 없으면 이렇게 된다.

Blue color on the other hand symbolizes peace.

(푸른 색 근데 이 푸른 색은 접촉해서 위에 있는데 그 다른 손에 강조한다 평화를) comma가 없으면 뜻이 달라진다.

즉, comma는 독자로 하여금 오해하지 않게 하기 위해서 사용된다.

[colon]

1. 강조를 나타낸다

She knew what she should do: quit her job

2. 추가적인 정보를 나타낸다. because로 바꿔 쓸 수 있다.

I had no time to finish the presentation:

I was stuck in meeting all day.

3. 동격=즉

After checking the scene, the detective determined the
cause of death: suicide

[semicolon]

1. semicolon사이의 양쪽 문장이 서로 관련이 있어서 접속사로 연결하려고 했는데 적당한 접속사가 없을 경우 semicolon을 사용한다. 쉼표보다 강하고 마침표보다 약하다.

Regular employees must stay for the whole meeting; interns are permitted to leave after the first half. 정규직 직원이 전체 회의 기간 동안 머물러 있어야 하는데 인턴의 경우에는 어떻게 해야 하는가라고 할 때 적당한 접속사로 무엇을 써야 할까 고민하다가 적당한 접속사가 없을 때 semicolon을 사용한다.

This year, I will travel to South Korea; next year I will travel to Japan. 올해 한국으로 여행가고 내년에 일본에 여행가는데 이 두 문장을 연결해주는 적당한 접속사가 없어서 semicolon을 사용했다.

2. 두 문장을 연결해주는 접속사는 없지만 연결부사가 있을 경우 semicolon을 사용한다. 연결부사에는 nevertheless, so, consequently, thus, however등등이 있다.

Her hobby is yoga; in addition, she enjoys hiking.

[명사]

1. 추상명사의 번역

1)동사에서 파생한 추상명사는 동사로 번역

이러한 추상명사의 주어는 소유격으로 표시한다. 따라서 소유격으로 번역하지 말고 추상명사의 주어로 번역한다.

(1)능동으로 번역하는 경우:

①자동사로 번역하는 경우

능동의 뜻을 가진 동사에서 파생한 명사는 능동으로 번역한다.

during his stay in Paris (그가 파리에 머무르는 동안 내내) his를 "그가"로 번역한다.

원래의 while he stays in Paris문장을 during his stay in Paris로 바꾼 것이므로 원래의 문장 번역으로 해야 한다. 영어는 명사 중심언어이고 한글은 동사중심 언어이므로 영어의 명사가 동사에서 파생한 명사라면 원래의 동사로 번역해주는 것이 옳다.

your introduction to those masterpieces(당신이 첫발을 내디뎌 만난 것은 그러한 대작들이다) 원래 You introduced to those masterpieces를 your introduction to those masterpieces로 바꾼 것이므로 원래의 문장대로 번역해야 한다.

여기서 introduced는 능동 자동사이다.

The massed movements of uniformed men have fascinated students.

(대규모로 움직이는 것과 직접관련된 것은 유니폼을 입은 남자, 그 움직임이 매료시켰다 학생들을) uniformed는 명사pp로서 "명사를 가진"의 뜻으로 번역한다.

②타동사로 번역하는 경우➡타동사가 취하는 목적어는 여러 종류가

있음을 상기하세요.

The sight of the girl reminds me her parents.(그 소녀를 보면 생각나게 한다 나에게 그녀의 부모를) 명사가 타동사의 목적어

➜sight가 타동사에서 파생한 추상명사이므로 타동사로 번역하고 추상명사의 목적어는 of로 표시하므로 the girl이 sight의 목적어로 번역된다. 주어가 추상명사이년 부사의 번역으로 한다. 부사의 번역은 "목이양쪽을 치료해서 결과적으로 성공해라"이다.

His refusal to help disappointed me.(그가 거절했다 돕는 것을 그것이 실망시켰다 나를) to help는 전명구다. refusal이 refuse라는 타동사에서 파생한 추상명사이므로 refusal를 타동사로 번역하고 to help를 refusal의 목적어로 번역한다. 동사파생추상명사 뒤에 of나 to가 오면 목적어로 번역하는데 보통은 목적어로 번역하며 to는 미래의 뜻으로 해서 to를 목적어로 번역한다.

왜냐하면 to help는 to 부정사 to help에서 파생된 전명구이기 때문이다.

(2)수동으로 번역하는 경우:

수동의 뜻을 가진 동사에서 파생한 명사는 수동으로 번역한다.

your introduction to those masterpieces(당신이 소개돼서 만난 것은 그러한 대작들이다) ➜ your를 "당신이"로 번역한다.

You are introduced to those masterpieces를 your introduction to those masterpieces로 바꾼 것이다. 여기서는 수동태이다. 같은 문장이라도 문맥의 앞, 뒤에 따라 능동으로 또는 수동으로 번역될 수 있다.

These things could always be counted upon for the same simple welcome.

(이러한 것들이 항상 의지가 될 수 있다 매번 똑같이 조촐히 환영받

기 위해)

2.주어 번역

주어가 추상명사일 경우 결과 또는 부사로 번역할 수 있다. 이 때는 목적, 이유, 조건, 양보, ~하기에 ~해서 등등으로 번역하면 된다.

암기법: **목이양쪽**을 치료**해서 결**국에는 성공해라. (목적, 이유, 양보, 조건, ~해서)

(1)결과: 동사에서 파생한 추상명사가 주어일 경우

Unfortunately, **deforestation** left the soil exposed to harsh weather.

(불행하게도 숲을 **파괴한 결과는** 남게했다 그 토양으로 하여금 노출되게 하였다 노출되어 만난 것은 거친 날씨였다)

Your skills led to your being promoted to executive secretary.

(당신의 기술 결과 당신은 승진해서 경영간부의 비서가 되었다)

동사가 lead to이면 주어를 결과로 번역한다.

(2)조건: 조동사가 있으면 대부분 조건으로 번역된다.

Their involvement will somehow affect the outcome.

(**그들이 개입하면** 어쨌든 영향을 미칠 것이다 그 결과에)

(3)주어는 문장과 동격을 나타낸다. "주어는 ~라는 것이다."

This is a **serious problem** which **could slow down the evelopment of the economy.** (이것은 상당히 심각한 문제이다. 근데, 이 심각한 문제는 경제발전을 하락시킨다는 것이다.)

serious problem = could slow down the development of the economy.

3.목적어 번역

1) ~을/를

2) ~에게

I will call you later.(내가 너에게 전화할 것이다)

3) ~와/과

This involves it. (이것은 그것과 관계가 있다)

strength training can help combat risk factors for heart disease.

(근력 훈련은 심장병의 원인이 되는 위험 요소들과 싸우는데 도움이 된다)

She is fighting the teacher all the way.

(그녀는 싸우고 있는 중이다 그 선생과 온 힘을 다하여)

I married her.(나는 결혼했다 그녀와)

4) ~으로

The term euphemism involves **substituting a more pleasant, less objectionable way.**

(유퍼니즘이라는 용어는 상당히 더 기분 좋고, 덜 반대하는 것처럼 보이는 **방식으로** 대체하는 것과 관련있다)

5) ~에   The sun's corona rays reach the earth.(태양의 코로나 광선은 도달한다 지구에)

Mathematics definitely influenced Renaissance art.

(수학은 르네상스 예술에 분명히 영향을 끼쳤다)

6) 결과로 번역(목적과 결과는 동전의 양면이다. 목적으로 번역해서 어법상 맞으면 목적으로 번역하고 결과로 번역해서 어법상 맞으면 결과로 번역한다.

She scared shit out of me. (그녀가 겁줘서(그 결과) 똥이 나왔다 출발점은 나이다)

 =그녀는 나를 엄청 겁줬다. shit는 scared의 목적어가 아닌 그 동사의 결과이다. 외형상 목적어지만 scared의 목적어로 번역하면

- 179 -

안 되고 그 결과로 번역해야 한다.

목적과 결과는 동전의 양면 관계인데 이 둘을 어떻게 구별하냐하면 처음에는 목적어로 번역해보고 그 번역이 어법상 맞지 않으면 바로 결과로 번역해야 한다.

7) ~에서 Our ancestors inhabited an innocent world.(우리의 조상들은 순수한 세계에서 거주했다)

8)~에게서

It took me a long time to find the book.(그것은 가져갔다 나에게서 오랜 시간을 그것은 찾는 것이었다 그 책을)

9)~에 관해서 discuss the use(토의하시오 사용에 관해서)

10)~으로

Tom suffered dwindling popularity.(탐은 고통받았다 줄어드는 인기로)

4. 보통명사와 물질명사를 구별하는 방법

보통명사는 둘로 나누었을 때 원래의 기능이나 성질을 상실하는 명사를 말한다. 책상을 둘로 나누면 책상이 아니고 쓰레기가 되며 꽃병을 둘로 나누면 폐기물이 된다. 물질명사는 둘로 나누어도 원래의 기능이나 성질을 그대로 유지하는 명사를 말한다. 물은 둘로 나누어도 여전히 물이며 우유 역시 둘로 나누어도 여전히 우유가 된다. 흙을 둘로 나누어도 여전히 흙이므로 흙은 물질명사가 된다. 돈을 둘로 나누어도 여전히 돈이므로 돈은 물질명사가 된다. 500원을 둘로 나누면 250원이지 두 동강 난 500원 쇠붙이가 아니다.

보통명사: a car, a desk,   물질명사: salt, sugar, water, drink (음료수)

물질명사에 부정관사를 붙이면 어떻게 될까? 물질명사에 부정관사를 붙이면 하나 둘 셀 수 있다는 뜻이므로 물질명사가 아니고 보통명사가 된다. a water는 "물 한 잔"이 된다.

a sugar(설탕 한 덩이)

5.집합명사와 군집명사

어떤 단어가 여러 개의 단수가 모여서 이루어져 있을 경우 이를 집합명사 또는 군집명사라고 한다. family는 아빠, 엄마, 아들, 딸로 이루어져 있는데 family라는 단어는 여러 개의 단수 즉, 아빠, 엄마, 아들, 딸로 이루어져 있으므로 집합명사가 된다. 여기서 family를 전체의 하나의 단위로 보는 것이 집합명사가 되는데 하나의 단위로 보기 때문에 단수가 된다. family의 구성원을 강조하게 되면 이 때는 복수가 된다.

The family **is** very big. (그 가족은 대 가족이다) 가족 전체를 하나의 단위로 보았다.

The family **were** greatly moved.(그 가족원들은 크게 감명받았다) 가족 구성원 각각이 감명받았다는 뜻이다.

1)어떤 명사 앞에 부정관사가 없으면 집합명사가 된다.

American industry in general, and American's highest paid industries in particular

(미국 산업계 근데 이 산업계는 일반적인 산업계이다. 이 산업계와 그 중에서도 미국에서 가장 많은 돈을 버는 기업들(특히)) industry 앞에 부정관사가 없으므로 집합명사가 된다.

번역을 집합명사로 해야 하므로 기업이 아니라 "산업계"가된다. industries는 "기업들"이 된다.

2)복수형 집합명사

(1)집합명사가 복수형이 되면

①집합명사가 여러 개 있다는 것을 말한다.

　3 families➡3가구

②개별명사의 복수가 된다.　industries(기업들)

(2)집합명사 앞에 부정관사가 오면 집합명사의 뜻이 확장된 뜻이 된다.

 people(사람들)➡a peoples(민족) 사람들이 많이 모여 있으므로 민족이 된다. people은 "사람들"인데 이 "사람들"을 하나의 단위로 본 것이다.

peoples(민족들)

6.복수

1) 원인과 결과, 상호작용 등 두 가지 이상이 작용할 경우 복수로 쓴다. 왜냐하면 복수란 두 개 이상을 말하기 때문이다.

 interests(이자) 은행에 예금을 한 것이 원인이 돼서 이자를 받으므로 복수로 쓴다.

, shake hands(악수하다), forwards and backwards(앞, 뒤로) scissors(가위) scissor가 두 개 있으므로 scissors가 됐다. 복수이므로 복수 취급해야 한다.

The scissors **are** on the table.(그 가위가 있다 놓여져 있는 곳은 테이블)

2) 명사를 소유한 사람을 나타낼 때는 복수로 쓴다.

She is the best **minds** of the people.(그녀는 최고의 **지성인**인데 그 소속은 그 사람들 속이다)

3) 한 단위를 나타낼 때는 복수로 쓰고 단수 취급한다.

Four years is too long for me.(4년은 지나치게 길다 적합하지 않는 것은 나다)

Four years have passed since she got married.(4년이 지나갔다

언제부터냐하면 그녀가 결혼한 때부터다) has가 아니고 have인 이유
는 4년이란 기간이 1년씩 1년씩 지나갔기 때문이다)

4) 추상명사의 복수형은 구체적인 행위를 나타낸다.

 cruelty(잔인)➡cruelties(잔인한 행위) 잔인을 마음 속으로 계속
반복해서(복수) 생각하면 잔인한 행위가 나온다.

5) 추상명사의 복수형은 보통명사가 될 수 있다.

arrival(도착)➡arrivals(하차장)   safety(안전)➡safeties(안전장치)

[대명사]

명사를 반복하는 단어를 대명사라고 한다. 대명사는 위치에 따라서 앞에 나온 그 명사와 그 상황까지도 반복하는 지정대명사와 앞에 나온 명사의 뜻만 반복하는 부정대명사로 나뉜다.

가. 가주어와 진주어, 가목적어와 진목적어

1. 가주어는 일종의 대명사다. 진주어는 앞 가주어를 반복하는 것으로 진주어도 대명사다.

It is easy **for him to study English.**(그것은 쉽다 그것은 그가 영어를 공부하는 것이다) 가주어는 "그것은"으로 번역한다. 가주어=It, 진주어=for him to study English.

He saw clearly how much **it** all meant to him, and **the special value of a place like this in one's life.** (그는 알았다 확실히 얼마나 많이 그것이 전적으로 의미가 있는지 그에게, 그런데 그것은 사람의 인생에서 이와 같은 장소가 가지는 특별한 가치이다)

가주어=It,

진주어=the special value of a place like this in one's life.

의역해보면, 사람의 인생에서 이와 같은 장소가 가지는 특별한 가치가 얼마나 많이 그에게 전적으로 의미가 있는지를 그는 확실히 알았다.

Has **it** stopped **raining**?(그것이 멈추었니? 그것은 비 내리는 것이다) 가주어=It, 진주어=raining

(가주어의 결론) 가주어를 진주어로 다시 반복할 때는 진주어로 to 부정사, ~ing, pp, that절, when절, whether절 등을 사용할 수 있고 to 부정사, ~ing, pp, that절등이 없을 때에는 , and를 사용할 수 있다. 가주어로 ,and를 사용할 수 있고 번역은 "근데 그것은"으로 한다.

특히 to부정사를 진주어로 번역 시 to 부정사의 번역은
명사(~하는 것, ~하기), 조건, 원인, 이유등이 추가로 들어가게 된다.
It's also complete to do like that.(그것은 또한 복잡하다 그것은 만약
한다면 그렇게)

He saw clearly how much **it** all meant to him, and **the special value of a place like this in one's life.** 에서 가주어 it을 반복할 때 **the special value of a place like this in one's life**가
하나의 단어이므로 to부정사나 ~ing 또는 that절을 사용할 수 없어 ,and를 사용했다. 이것은 가주어를 "그것은" 또는 "거시기"로 번역 후 "근데 그것은"으로 재반복하는 한글과 쓰임새가 매우 비슷함을 알 수 있다. 즉 ,and를 "근데 그것은"으로 번역하면 된다.

2. 가목적어와 진목적어
가목적어는 일종의 대명사고 이 가목적어를 반복하는 진목적어도 대명사다.

I found **it** possible **to do the work alone.**(나는 발견했다 그것이 쉽다 근데 그것은 하는 것이다 그 일을 혼자서)
가목적어=it, 진목적어=to do the work alone.
See to **it** that he does the job properly.
(보아라 보아서 나아가서 만나는 것이 그것인데 그것은 그가 하는 것이다 그 일을 적절히)
가목적어는 "그것을"또는 "그것이"로 번역한다.
가목적어=it, 진목적어=that he does the job properly.
I have said **this** many times; **I insist on receiving a full refund.**
(나는 말했다 이것을 여러 번 그러기 때문에 나는 주장한다 받는 것

을 전액환불을)

 가목적어=this, 진목적어 I insist on receiving a full refund

  full refund를 하나의 단위로 취급했기 때문에 a를 썼다.

3. 부사절이 주절 앞에 올 경우

부사절에 주절을 반복하는 대명사가 와야 한다.

When he went there, Tom met Jane.(O)

When Tom went there, he met Jane.(X)

부사절은 종속절이므로 주절에 먼저 본래의 명사(Tom)가 나온 후 그 명사를 재 반복해야 하는데 본래의 명사인 Tom이 종속절에 먼저 나온 후 주절에 대명사가 왔으므로 틀린 문장이 된다.

When he went there, Tom met Jane. 이 문장에서 he는 대명사인데 대명사가 먼저 나온 후 본래의 명사가 뒤에 나왔다.

나. 앞에 나온 명사를 다시 반복한다.

1)this

(1)this는 내가 있는 곳이고 그 이외는 다 that이다.

두 개의 문장 중의 앞 문장 전체를 반복한다. 이 때의 두 개의 문장이란 and, but, or, for등의 대등절 문장을 말한다.

두 개의 문장 중 나에게 있는 곳 즉, 가까운 곳이 this이다.

 The hero is the most often read of his contemporaries, but **this** is no accident.

(그 영웅은 상태이다 가장 자주 읽혀진다 그 소속은 그의 동시대 사람들이다 그러나 **이것은** 우연이 아닙니다.)

this=The hero is the most often read of his contemporaries

단, 주절과 종속절이 있는 경우, 앞 문장을 반복할 경우는 that을 쓴다. 종속절을 반복할 경우 that을 쓰는 이유는 종속절이 개념상

나로부터(this) 멀리 있다는 느낌이기 때문이다.

Although **this is usually harmless**, **that** is not always the case.
(비록 이것이 일반적으로 해가되진 않지만, 그것이 항상 진리인 것만
은 아니다)

→that은 문장내의 앞 문장을 받는다. **that=this is usually harmless**
(정리)this와 that은 모두 앞 문장을 반복하는데 this는 대등절일 때
앞 문장을 반복하고 that은 종속적일 때 앞 문장을 반복한다.
대명사는 반드시 앞의 단어를 다시 반복해야 이해가 잘 된다.
(2)두 단어 이상을 반복할 경우는 this를 쓴다.

The sun's outermost layer begins about 10,000 miles above
the visible surface. **This** is the only part of the sun.
(태양의 최외곽 층은 시작한다 약 10,000마일 위에서 아래에 있는
것은 볼 수 있는 면이다,이것은 상태이다 유일한 부분의 태양이다)
The sun's outermost layer=This(O) it(X)

→**The sun's outermost layer**는 this로 반복한다.it은 문맥상
나도 알고 너도 알 때 사용하는 것이기 때문이다.
(3)this, that, it
this 나와 가까운 곳이고 that은 this를 기준으로 먼 곳으로 말하는데
이것은 시간 상, 공간상 다 적용된다.
it은 나도 알고 너도 아는 것으로 this와 that모두를 it으로
가리킬 수 있다.
this book도 it으로 가리킬 수 있고, that book도 it으로 가리킬 수
있다.
2)that
(1)주절과 종속절이 있는 경우 종속절을 가리킬 때 that을 사용하며
this를 기준으로 먼 곳에 있는 명사를 가리킨다.

①한 문장 내에서 앞의 명사를 가리키는 경우

This month's **production** surpassed **that** of last month.

(이번 달 생산은 능가했다 그 생산이 속한 것은 지난 달)

that=production 여기서 that을 사용한 이유는 내가

있는 곳(this)을 기준으로 멀리 있기 때문이다.

②앞 문장 전체를 받는다.

Although **this is usually harmless**, **that** is not always the case.

(비록 이것이 일반적으로 해가되진 않지만, 그것이 항상 진리인 것만

은 아니다)

→that은 종속절과 주절에서 종속절 문장을 반복한다.

that=this is usually harmless

대등절은 두 문장이고 두 문장 중 앞에 있는 문장을 받는 것은

this이다.

(2)this와 that의 뉘앙스: this는 긍정적인 뜻, that은 부정적인 뜻

(3)앞 명사를 형용사로 바꿔서 쓴다.

The sun is hotter than the earth. **That** matter can exist only

as a gas, except at the core.

(태양은 더 뜨겁다 그 기준은 지구이다. **태양의 물질**은 존재할 수

있다 오로지 가스로서, 제외하는 것은 핵에서다)

That은 the sun을 반복하면서 형용사로 변신했다.

나를 기준으로 볼 때 the earth가 가깝고 the sun은 멀기 때문에

the sun을 반복하는 대명사는 that이 되어야 한다.

3. 대명사 번역 법

1) 주어와 같을 경우 번역하지 않는다. 한글은 주어를 생략하고

말하는 경우가 매우 많다. 따라서 앞, 뒤 문맥상 주어를 명확히 인지

할 수 있으면 주어를 생략하고 번역해야 한다.

I know that I don't know. (내가 아는 건 내가 모른다는 것이다)
➡(내가 아는 건 모른다는 것이다)

2) 주어나 목적어의 이름 또는 일반 명사를 넣어서 주격이나 목적격을 번역한다.

Jane is pretty. (제인은 상태이다 예쁜).I love **her**. (나는 사랑한다 그녀를)(X)

➡(나는 사랑한다 **제인을**)(her=Jane) 목적어 번역시 앞의 명사를 그대로 넣어서 번역하는 훈련을 하면 수능에서 문맥을 놓치지 않고 끝까지 잘 따라갈 수 있다.

There lived **a litte girl** whose hair was red.(거기에 살았다 어떤 조그만 소녀가 근데 그 소녀의 머리카락은 빨강색이었다)

Everybody calls **her** little moon.(모든 사람들이 부른다 **그 조그만 소녀를** 작은 달이라고)➡her를 "그녀를"이라고 번역하지 말고 앞에 문장의 일반명사로 바꿔서 번역을 해야 헛갈리지 않고 정확한 번역을 할 수 있다.

Tom is very tall.(탐은 상태이다 매우 큰)

He is my friend.(**탐**은 상태이다 나의 친구)

➡(그는 나의 친구이다)라고 번역하지 않는다.

다. 지정대명사와 부정대명사

1. 지정대명사

앞에 나온 명사와 그 상황까지도 그대로 반복하는 대명사를 말한다.

Since she fell off from **her horse**, she has hated it.

it=her horse 여기서 **it**은 나도 알고 너도 아는 말을 가리킨다..

라. it, this, that의 비교

it, this, that, the 명사, a(an)명사 순으로 집중도가 떨어진다.

1)it

 it은 나도 알고 너도 아는 경우에 it을 사용한다.

It rains in 8.(비가 내린다 그 모양이 8자)

여기서 it은 나도 알고 너도 알기 때문에 it을 썼다. 여기서 it이 가리키는 것이 비라는 것은 누구나 안다.

the명사를 it이 받을 수 있다.

I have the car. It is expensive.

내가 차를 가지고 있는데 그것은 비싸다.

A: How much is it?

B: It is not good for me.

(그것은 별로입니다 입장, 경우의 나에게)

How much is it?에서 it을 나도 알고 상대방이 아는 경우다.

[상황: 누군가가 문을 두들기는데 누군인지 잘 모를 때]

A: Who are you?

B: I am Jane.

[상황: 누군가가 문을 두들기는데 그 두들기는 패턴이 우리끼리 정한 패턴인 경우]

A: Who is it?

B: It's me.

문 두들기는 패턴을 볼 때 문 두들기는 사람과 그것을 듣는 사람 모두 누군지를 알 때 it을 사용한다.

2)this

this는 that과 대비되는 개념이다. 화자나 주어를 기준으로 this가 가깝다면 that은 먼 곳을 가리키고 this가 시간 상 금방이라면 that은 시간 상 먼 과거나 먼 미래를 나타낸다.

This house is close, that house is far.

(이 집은 가깝고, 저 집은 멀다)

This car is mine, that car is hers.

(이 차는 내 것이고, 저 차는 그녀의 것이다)

내 차는 나에게서 가까이 있고 그녀의 차는 나에게서 멀리 있다

[this, that, it의 비교]

This car is mine, that car is hers.에서 This car도 it이라고

할 수 있고 that car도 it이라고 할 수 있다.

this를 제외한 모든 것이 that이고 this와 that, the+명사를 모두

받는 것이 it이다.

2. 부정대명사

앞에 나온 명사의 뜻만 반복한다.

1)one

정해지지 않은 아무거나 하나란 뜻이다. 부정관사 a/an과 개념이 같

다.

Since she fell off from her **horse**, she has hated one.

one=a horse, one≠her horse one은 her horse의 horse만 반복

한다. 따라서 그녀가 낙마한 말뿐만 아니라 말이라면 아무 말에도

가까이 가는 것을 싫어한다는 뜻이 된다.

My mother made these. Would you like one? (엄마가 만들었어요

이것을, 하나 드실래요?)정해지지 않은 아무거나 하나란 뜻이다.

Just walking through **a garden**, for that matter,

seeing **one** out your window, can lower pressure.

(단지, 걷는다면 통과하는 것은 어떤 정원,

입장, 경우의 그 문제인데(의역: 그 문제에 대해서),

본다면 정원을 그 정원은 너의 창문 밖에 있다. 그렇게 하면

낮출 수 있다 혈압을) 여기서 one은 앞의 garden을 반복하는 불특정 garden을 말한다.

,for that matter,에서 콤마를 양쪽에 둔 것은 작가가 walking through를 강조하려고 문장에 투입한 것이다.

(3)one의 번역

①사람, 누군가, 것

One should do one's best at all times.(**사람은** 항상 최선을 다해야 한다)

This is a fact, but how can **one** explain it?(이것은 사실이지만 어떻게 **누군가가** 그것을 설명할 수 있는가?)

②사람, 것

This one likes this one. (이 사람이 좋아 한다 이 것을)

this one=이 사람, this one=이 것

라. 재귀대명사

1. 주어와 관련 있는 재귀대명사는 -self등으로 쓴다.

주어가 하는 동작이 주어 자신에게 돌아오는 경우에 재귀대명사를 사용한다. 재귀대명사는 문장의 위치에 따라서 명사, 형용사, 부사등이 될 수 있다.

I love myself.(나는 사랑한다 내 자신을) 목적어

I love me.(X)

I looked at myself in the mirror.(나는 바라 본다 내 자신을 내 자신이 내부에 있는 곳은 거울이다) **전명구의 목적어**

Tom did it himself.(탐은 했다 그것을 탐 스스로) **부사**로 사용

재귀대명사는 수능에서 자주 나오는 문법 문제이다.

Clothes are part of how people present ② them to the world, (수능2023년 29번)

(옷들은 일부분인데 이 일부분과 관련된 것은 어떻게 사람들이 표현하는가 하는 것이다 그들 자신을 누구에게 세상에게) them을 themselves로 바꿔야 한다. 왜냐하면 "그들 자신을"로 번역해야 어법상 맞기 때문이다)

마. it

it이 주어로 사용되면 번역이 여러 개 된다.

1. "그것은"으로 번역 It is mine.(그것은 상태이다 나의 것)

2. 상황주어가 되면 It을 번역 안 한다.

 1)날씨: It is cold. (날씨가 상태이다 추운)

 2)시간: It is eight.(시간은 8시다)

 3)분위기: It is spooky. (분위기가 으스스하다) 같이 있는 사람들이 공통적으로 느끼는 분위기이므로 it을 사용했다.

누구나가 알고 있으면 it을 사용한다. 날씨, 시간, 등은 누구나 안다.

[수의 일치]

1. 주어가 단수이냐 복수이냐에 따라 동사가 달라진다.

an array of + 복수명사에서 an array가 설명 받는 명사인데
an array이므로 an array가 단수가 된다.

Here is an array of books.(여기에 있다 많은 책들이)

an array of는 "많은"의 뜻이다.

2. a lot of, lots of, plenty of는 형용사다 "많은"으로 번역한다.

　a lot of + 복수보통명사, 물질명사, 추상명사

　lots of + 복수보통명사, 물질명사, 추상명사

　plenty of+ 복수보통명사, 물질명사, 추상명사

+ 복수보통명사, 물질명사, 추상명사

ex) 번역은 "많은"의 뜻이다.

a lot of students, lots of love, lots of flowers

a lot of student(X) a lot of뒤에는 복수 보통명사, 물질명사,
추상명사가 와야 하는데 student는 복수보통명사, 물질명사, 추상명사
모두 아니다.

A lot of students are there.

a lot of가 형용사로 복수보통명사 students를 꾸며주고 있다.

따라서 동사는 복수를 나타내는 are가 된다.

A lot of water is needed for me.

a lot of가 형용사로 물질명사 water를 꾸며주고 있다.

따라서 동사는 단수를 나타내는 is가 된다.

Lots of desks are here.

a lot of가 형용사로 복수보통명사 desks를 꾸며주고 있다.

따라서 동사는 복수를 나타내는 are가 된다.

Lots of love is here.

a lot of가 형용사로 추상명사 love를 꾸며주고 있다.

따라서 동사는 단수를 나타내는 is가 된다.

Plenty of flowers are here.

a lot of가 형용사로 복수보통명사 flowers를 꾸며주고 있다.

따라서 동사는 복수를 나타내는 are가 된다.

Plenty of water is here.

a lot of가 형용사로 물질명사 water를 꾸며주고 있다.

따라서 동사는 단수를 나타내는 is가 된다.

3. a number of+복수보통명사

　a number of는 문맥에 따라서 두 가지 정도로 번역될 수 있다.

　a는 부정관사로서 뒤의 명사의 한계를 정할 수 없는 부정관사이다.

　(1) 셀 수 없이 많은 a number of fishing boats(셀 수 없는 어선들)

　　　명사의 한계를 정할 수 없으므로 "셀 수 없는"의 뜻이다.

　A number of fishing boats are sailing towards the island.

　a number of+복수보통명사는 항상 복수동사를 써야 한다.

그 이유는 a number에서 a는 "하나"의 뜻이 아니고 "상당한"의

뜻이고 number는 숫자이므로 이 둘의 합한 뜻은 "상당한 숫자"를

말하므로 복수가 된다.

　(2) 얼마간의(some) a number of fishing boats.(몇 척의 어선들)

　　　뒤에 있는 명사가 얼마큼 있는 지 알 수 없다는 뜻인데

　　　　뒷 명사가 몇 개 안 될 수도 있다.

(비교) the number of+복수보통명사

the number of+복수보통명사는 단수동사를 써야 한다.

The number of seats is 4.

the는 정해진 것을 나타내고 number는 숫자를 나타내는데 숫자

자체는 단수 취급한다.

4. an amount of +물질명사, 추상명사

amount가 양을 나타내므로 당연히 뒤에 물질명사나 추상명사가 와야 한다.

(1)양을 정할 수 없는(많은 양의)

There is an amount of cereal in the warehouse.

(거기에는 있다 상당한 양의 곡물 그 내부적인 위치는 창고이다)

an은 "정할 수 없는"의 뜻이므로 그 양을 정확히 알 수 없을 정도이므로 "많은 양의"란 뜻이 나온다.

(2)어느 정도의 양

lay an amount of money[one's life]

걸다(놓다) 어느 정도 양의 돈을

(3)어떤 양

an amount of에서 an amount앞에 an이 있으므로 amount를 하나의 단위로 인식하고 있다. 따라서 번역 상 "어떤 양"으로 할 수 있다.

A fine is an amount of money .(어떤 벌금이란 어떤 양의 돈이다)

이 문장을 "어떤 벌금은 많은 돈이다" 이렇게 번역하면 안 된다.

[형용사]

1. the+ 형용사➔문맥에 따라 단수가 되기도 하고 복수가 되기도 한다.

1)단수명사➔형용사 뒤에 아무것도 없으면 형용사 뒤에 thing이 생략된 것이 아니다. 그 형용사는 이제 더 이상 형용사가 아니고 명사가 된다. 명사라는 것을 나타내기 위해서 정관사 the가 붙었다.

the beautiful=아름다움

2)복수명사

  the rich=rich people,

  the most vulnerable(가장 연약한 사람들)

2. 하이폰(-)의 번역

hyphen은 두 개 이상의 단어를 결합하여 하나의 단어처럼 쓰고 싶을 때 사용한다.

1)hyphen은 형용사를 만들 때 사용한다.

복수는 형용사가 될 수는 없고 부사는 될 수 있다.

hyphen을 연결하는 단어는 반드시 단수이어야 한다.

She is twenty years old.

years가 부사로서 형용사 old를 꾸며주고 있다.

She is a twenty years old woman.(X)

➔years복수는 형용사가 될 수 없으므로 명사를 꾸며줄 수 없다.

=She is a twenty-year-old woman.(O)

➔복수가 명사를 꾸며주려면 hyphen을 붙인 후 단수로 바꿔준다.

The building is thirty feet tall. (그 빌딩은 이다 삼십 피트 높이)

➔feet가 부사로 형용사 tall을 꾸며주고 있다.

=It is a thirty-foot-tall building.

2)형용사-명사pp 명사: 형용사는 명사pp의 명사를 꾸며준다.

a blue-eyed woman (파란 눈을 가진 여자)

➡blue는 eyed의 eye를 꾸며준다.

blue는 명사 eye를 꾸며주는 형용사이다.

명사pp는 "명사를 가진"의 뜻이다.

원래 a woman who has blue eyes인데 이것을 hyphen을 써서
줄인 것이다.

3)명사-~ing 명사: 앞 명사를 ~ing하는 명사

➡앞 명사를 목적어로 한다.

oil-producing country (오일을 생산하는 나라)

oil이 producing의 목적어이다.

4)부사-형용사 명사: 형용사 앞에 올 수 있는 품사는 부사만이 올 수 있다.

형용사를 어떤 형용사 앞의 부사로 만들고 싶을 때 hyphen을
사용해서 그대로 쓰면 된다.

hyphen은 "한 개"라는 뜻이다. a snow-white woman(눈처럼 하얀
여성) snow는 부사가 된다. white는 woman을 꾸며주므로
형용사이고 이 형용사 앞에 snow가 있으므로 snow는 부사가 되서
형용사 white를 꾸며준다. snow를 부사로 번역하면 "눈처럼"이
된다. 이 경우 대부분 재료, 도구나 "~처럼"으로 번역한다.

oil-filled tank(기름으로 채워진 탱크➡ oil이 형용사 앞에 왔으므로
부사가 된다. "~으로"(재료)로 번역한다.

coil-over shocks(코일로 덮혀져 있는 쇼바)➡over가 명사 shocks
를 꾸며주고 있으므로 형용사이고 coil이 형용사 앞에 있으므로
부사가 된다. 재료로 번역한다.

A **worn-thin** dress may hang.

(낡아서 얇아진 옷이 걸려있을 런지도 모른다)

낡아서 얇아진 옷으로 번역해야 맞다.

왜냐하면 worn은 thin을 꾸며주는 부사이기 때문이다.

worn은 hyphen을 사용하여 형용사 thin앞에 위치함으로써
부사가 되었다.

(비교)A **worn, thin** dress may hang.

(낡고 얇은 옷)➡ worn과 thin이 각각 별개로 dress를 꾸며주고
있다.

(비교)A **worn and thin** dress may hang.

(낡은데 게다가 얇기까지 옷)

5)앞명사-형용사(pp)+ 뒷명사

명사 앞 또는 뒤에 오는 pp는 형용사다.

①앞명사-pp+ 뒷명사: 앞 명사가 능동자동사한 뒷명사

sun-baked brick에서 이렇게 앞 명사와 pp가 하이픈(-)으로
연결되면 앞 명사는 pp의 주어가 되고 pp는 그냥 능동자동사로
번역하면 된다. "태양이 구운 벽돌"

물론 형용사(pp)앞의 명사를 수동태의 주어로 번역해도 된다. "태양
에 의해 구어진 벽돌"

②앞명사-형용사+ 뒷명사: 앞 명사가 형용사한 뒷명사

smoke-free bus stop(담배연기가 없는 버스 정거장)

명사(smoke)와 형용사가 하이픈(-)으로 연결되면 앞 명사는 형용사
의 주어가 되고 형용사는 형용사로 번역하면 된다.

3. 형용사의 번역

1) 형용사는 부사로 번역: 영어는 명사로 바꿔쓰기를 좋아한다.

그 한 가지 예가 동사를 추상명사화 시키는 것이다. 동사를
추상명사화 시키므로 동사를 꾸며주는 부사는 형용사가 되어

추상명사 앞에 형용사로 위치하게 된다. 따라서 형용사를 부사로 번역해야만 한다.

in **rational** judgement (그 때는 합리적으로 판단할 때)

One of the classic signs of **emotional** eating is **night** eating.

of앞에 숫자가 오면 그냥 앞에서부터 번역한다.

(한 가지의 전통적인 흔적들 이것과 관련있는 것은 **충동적으로** 먹는 것인데 그 한 가지는 이다 **저녁에** 먹는 것)

➡night가 동명사 eating앞에 있으므로 형용사이다. 형용사를 부사로 번역한다.

2)소유격의 번역: 소유격은 형용사이기 때문에 명사 앞에 온다.

(1)주어➡ 능동의 주어와 수동의 주어가 있다. 소유격 다음에 동사파생 추상명사가 오면 소유격을 주어로 번역한다.

①능동의 주어: 소유격을 능동의 주어로 번역한다.

my being late(내가 늦게 온 것)➡"나의 늦음"이렇게 번역하지 말고 주어 동사로 번역한다.

his honest(그가 정직한 것)➡ "그의 정직"이렇게 번역하지 말고 주어 동사로 번역한다. honest는 동사파생 추상명사이다.

during his stay in Paris (그 기간은 그가 파리에 머무르는 동안)

②수동의 주어: 소유격을 수동의 주어로 번역한다.

Tom's election(탐이 선출되었다) 소유격이 수동으로 번역되었다.

(2) 소유

①~의 my book(나의 책)

②~을 가지고 있는: "~의"로 번역해서 어색하면 "~을 가지고 있는"로 번역하면 뜻이 가슴에 와 닿는다.

her remarkable beauty (그녀의 놀랄만한 아름다움)➡

(그녀가 가지고 있는 놀랄만한 아름다움)

(3) 목적

소유격 뒤에 동사파생 추상명사가 올 경우 소유격을 목적어로
번역한다.

The lost **child's search** has been conducted all day.(실종된
어린이를 수색하는 것이 계속되어오고 있다 하루 종일)

the **item's use** and compatibility(그 **아이템을 사용하고**
그 아이템을 호환하는 것)

He came to **our** rescue. (그는 왔다 그 결과 **우리를 구조했다**)
전치사 to가 과거시제에 쓰이면 결과를 나타낸다.

He is coming to our rescue.(그가 오고 있는 중이다 그 목적은
우리를 구조하는 것)

to는 과거시제에 쓰이면 결과를 나타내고 현재 시제에 쓰이면
목적을 나타낸다. 반드시 그런 것은 아니지만 대부분 그러하다.
목적으로 번역해서 이상하면 결과로 번역한다.

(4) 동격=~이라는

A **life's journey** contains experiences. (**삶이라는 여행은** 여러 경
험들을 포함하고 있다)

solar's matter=태양의 물질=**태양이라는 물질**

(5) ~을 위한, ~용도(for)

men's shoes=shoes for men(남성을 위한 구두) ➡남성용 구두

(6) 자신의   He walked over to **his** home(그는 걸어갔다 **자신의**
집으로)

(7) 주어나 목적어의 이름을 넣어서 소유격을 번역한다.

Jane is pretty. He likes her.(제인은 예쁘다. 그는 좋아한다
제인을)➡"그는 좋아한다 그녀를"로 번역하지 말고 "그는 좋아한다
제인을"로 번역한다.

(8)번역을 하지 않는 경우도 있다.➜ 주어와 같을 경우 생략한다.

He walked over to his home. (그는 걸어갔다 집으로)➜"그는 걸어 갔다 그의 집으로"로 번역하지 말고 "그는 걸어갔다 집으로"로 번역 한다. 소유격을 굳이 꼭 번역하고 싶으면 "자신의"로 번역한다.

➜그는 자신의 집으로 걸어갔다. over는 의태어로서 파도처럼 흔들 거리는 모습을 나타내는 부사이다. 따라서 정확한 번역은 "그는 걸어 갔다 우쭐거리면서 집으로"가 된다.

(9)소유격+ 비교급➜ 소유격보다 더 비교급하게

➜She looks down her nose at her poorer relatives.

(그녀가 업신여기는 것은 그녀보다 더 가난한 친척들이다)

4. 비교급

1)비교급 강조: even, much, far, still, a lot

(주의) very는 비교급 앞에 쓰면 안 된다. very는 어원이 veritas인 데 veritas란 "진실"이란 뜻이다. 비교급이란 어떤 기준을 두고 그 정도를 따지는 것으로 상대적 가치 등을 나타낸다. 진실이란 절대적인 것을 나타내는데 절대적인 것과 상대적인 것이 같이 쓰일 수는 없는 것이다.

비교급의 번역은 "형용사, 부사하다 그 기준은 ~다"

The sun is hotter than the earth.(태양은 더 뜨겁다 기준은 지구다)

5. **동사에서 파생한 형용사는 목적어나 목적어절을 가질 수 있다. 형 용사인데 동사의 뜻을 갖는 형용사를 동사에서 파생한 형용사라고 한다.**

형용사의 목적어절은 형용사를 꾸며주는 부사절이라고 할 수 있다. 동사에서 파생한 형용사도 목적어와 목적어절을 가질 수 있다.

단, 형용사가 목적어절이 아닌 그냥 목적어를 가질 때에는
목적격 of를 사용한다. 동사에서 파생한 추상명사 다음에 of가 오면
그 of를 목적어로 번역하는 것과 마찬가지로 동사에서 파생한 형용
사 다음에 그냥 목적어가 오려면 of를 사용하면 된다. 동사에서 파생
한 형용사는 to부정사를 목적어로 취할 수도 있다.

(정리)동사에서 파생한 형용사란 형용사는 형용사인데 동사의 뜻을
갖고 있는 형용사를 말하며 이러한 형용사는 목적어를 of전명구와 to
부정사 형태로 취할 수 있고 또한 목적어절도 가질 수 있다. 형용사
의 목적어와 목적어절을 부사라 한다. 또한, 동사파생추상명사는
to전명구를 미래의 뜻으로 목적어로 가질 수 있다.

1)목적어 절을 취하는 경우

 I'm not certain **who was there**.(나는 확신하지 않는다 누가 있었
는지 거기에) **who was there**가 certain의 목적어절이다.

I'm afraid **that I stayed in the water a little too long**.(나는 생각
한다 내가 머물렀고 머문 곳은 물 속인데 약간 지나치게 오래)
that I stayed in the water a little too long가 afraid의
목적어절이다. afraid는 "두려워하다"는 뜻 이외에 "~라고 생각하다"
의 뜻도 있다.

2)목적어를 취하는 경우

I'm certain **of his succeeding**.(나는 확신한다 그가 성공하는 것을)
of his succeeding이 certain의 목적어가 된다.

I am afraid **of spiders**.(나는 두려워한다 거미들을) **of spiders**가
afraid의 목적어가 된다.

3)to부정사를 목적어로 취하는 경우

He is certain **to get it**.(그는 틀림없이 얻을 것이다 그것을) **to get
it**이 certain의 목적어다.

She was afraid **to open the door**. (그녀는 두려워했다 그 문을 여는 것을) **to open the door**가 afraid의 목적어다.

6.지시형용사

지시형용사란 앞의 명사를 반복하는 형용사를 말한다.

1)its: it의 소유격은 its이다. its≠it's   it's=it is

The dog is wagging its tail.(그 개는 흔들고 있는 중이다 그 개의 꼬리를) it은 the+ 명사를 받는다.

A dog is wagging its tail. 이 때 a dog은 the dog으로 받아서 the dog's tail이라고 해야한다. 즉, a dog을 it으로 받으면 안 된다.

2)that: 앞 명사를 반복하면서 형용사가 된다.

The sun is hotter than the earth. **That** matter can exist only as a gas, except at the

core. (태양은 더 뜨겁다 그 기준은 지구이다. **태양 물질**은 존재할 수 있다 오로지 가스로서, 제외하는 것은 핵에서다) That은 the sun을 반복하면서 형용사가 된다. "태양 물질은"

➜이렇게 앞 명사를 반복하면서 형용사가 될 경우에는 it을 쓸 수가 없다. it은 형용사로 쓰이지 않는다. that이 나의 기준(this)에서 멀 때 that이 사용된다.

It matter can exist only as a gas.(X)

3)지시형용사가 먼저 나오고 뒤에 지시형용사가 가리키는 명사가 나올 수 있다. 소유격도 형용사이므로 지시형용사가 될 수 있다.

In addition to his hunting duties, Tom has been playing the role of a diplomat.

(주로 포함하는 것은 그가 사냥하는 임무들이고, 탐은 역할을 해오고 있는 중이다 관계있는 것은 외교관이다) his가 가리키는 것이

뒤에 Tom임을 알 수 있다. 이렇게 뒤에 나오는 명사를 가리키기 위해서 소유격이 먼저 나올 수 있다.

[부정관사 a(an)]

화자는 알지만 듣는 사람이 처음 들을 때 사용한다.

1. 소속된 상태를 말한다.

☞그 소속은

집단(여러 개)은 같은 성격을 가지고 있습니다. 그 소속은 당연히
그 집단의 성격을 띠게 됩니다. a(an)이 소속을 나타낼 경우 그 번역
을 생략하는 것이 한글에 가깝다. ~중의 한 개라는 뜻이다.
그 집단의 성격을 나타낸다.

He is a Edison. (그는 에디슨 같은 사람이다.) 에디슨이 속해 있는
집단에 속해있는 한 사람이란 뜻인데 같은 집단에 속해있다 보면
그 집단의 성격을 가지게 된다.

A dog is faithful. (개의 성격은 충성스럽다.) 개의 집단에 속해
있어 개가 가지는 속성에 포함되어 있으므로 그 성격을 나타낸다.

He is a Nolbu.(의역: 그는 놀부 같은 놈이다) 놀부라는 집단에
소속이 되었으니 놀부의 성격을 가지게 됩니다.

"그는 상태인데 그 상태의 소속은 놀부이다."

A dog is faithful.(개는 충실하다) 여기서도 번역은 "소속은"으로
번역합니다. 영어의 주어는 한글의 "은/는, 이, 가"또는 부사로
번역됩니다. 부사 중에서도 조건으로 번역되는 경우가 많습니다.

"소속이 개라면 개는 충실하다"

You will get a good grade.(너는 받을 것이다 소속된 것은 좋은 등
급이다)➡좋은 등급 중의 어떤 등급으로 소속될 것이다는 뜻이다.

He is a good man.(그는 상태이다 소속되어 있는 것은 좋은
남자이다)➡좋은 남자 중의 한 명으로 소속되어 있다는 뜻이다.

A watt is a unit of power.(와트가 소속되어 있는 것은 힘의

단위이다)➡힘의 단위 중의 한 단위로 소속되어 있다는 뜻이다.

와트는 동력의 (여러 단위 중 하나의) **단위이다.** 동력에는 여러
단위가 있다. HP, J등등이 있는데 그 여러 힘의 단위들 중
하나라는 뜻이다.

A watt is the unit of power. **와트는 동력의** (유일한)**단위이다.**
the는 유일한의 뜻이다.

a crescent moon 초승달 달에는 여러 상태가 있다. 즉, 보름달, 반
달, 초승달, 그믐달 등등 이러한 여러 달들 중의 초승달(crescent)에
소속되어 있다는 뜻이다.

The morning appeared with a sky of pure gold.(아침이 보였다
함께 한 것은 하늘이었는데 그 하늘과 본질적으로 직접 관계가 있는
것은 순수 금이다)

with는 부분적으로 소유를 말한다. 하늘에는 순수 금으로 이루어진
여러 하늘이 있다.

깜깜한 하늘, 파란 하늘, 붉은 하늘, 외계 행성의 하늘등등 그 여러
하늘 들 중 순수 금으로 이루어진 하늘에 소속되어 있다는 뜻이다.

She is a Park.(그녀는 박씨 가문의 한 사람이다) 그녀는 박씨라는
집단에 소속되어 있는 한 사람이다.

a Jane (여러 명의 제인 중 한 명) the Jane(여러 명의 제인 중
진짜 제인이라고 주장하는 것) the는 진짜 하나라고 주장할 때
사용한다. Jane에 소속되어 있다는 뜻은 Jane이 여러 명 있다는
의미이다. 여러 명 중의 하나, 여러 가지 중의 하나라는 뜻이다.

a Shakespeare(여러 명의 셰익스피어 중 한 사람)

the Shakespeare(여러 명의 셰익스피어 중 진짜 셰익스피어라고
주장하는 것) the는 "진짜의"란 뜻이 있으며 진짜 하나라고
주장할 때 쓴다.

Money is a reason why she has married him.(돈은 이다
(여러가지 이유들 중의) 한 가지 이유다 왜 그녀가 결혼했는지 그와)
➡돈은 왜 그녀가 결혼했는지의 이유 들 중 하나이다. a는 여러 가지
이유들 중의 하나를 말한다.

2. 일회성 동작을 나타낸다.

부정관사(a/an)는 one에서 나온 것인데 이는 한 번을 나타낸다.

a love 한 번의 사랑, loves 반복적인 사랑

3. 상당한, 하찮은, 상당한지 하찮은지 잘 모를 정도의

부정관사란 정해지지 않은 관사란 뜻으로 말하는 사람의 느낌에
따라서 상당한 정도, 하찮은 정도, 상당한 정도인지 하찮은 정도인지
잘 모르는 정도를 나타낸다. 또한, 그 범위를 정할 수도 없다.

a love 상당한 사랑, 하찮은 사랑,

a number of books (셀 수 없을 정도의 많은 책, 몇 권의 책)
범위를 정할 수 없다. a number of 복수는 문맥에 따라
"셀 수 없을 정도의 많은 책" 또는 "몇 권의 책"으로 번역된다.

a great number of books(엄청 많은 책)➡a는 정할 수 없다는 뜻인
데 정할 수 없을 정도로 큰(a great)이라는 뜻이므로 엄청나다는
뜻이 된다.

a great number of books (상당히 굉장히 많은 책)

the great number of books(진짜 굉장히 많은 책 the는
"진짜의"의 뜻이 된다.)

a ban(무기한 금지) a가 정해지지 않았으므로 무기한 금지가 된다.

A poor diet can lead to illness.

(상당히 심각한 식이요법을 하면 될 수 있다 결국 질병으로)

부정관사 a가 하나, 둘 셀 수 있는 뜻이 아니면 정할 수 없는
부정관사의 원리대로 "상당히"라고 번역된다.

4. a 명사

명사의 종류에 관계없이 a(an)이 붙으면 보통명사가 된다.

명사 앞에 a/an이 있다는 말은 그 명사는 셀 수 있는 보통명사란 뜻이다.

1)a/an 물질명사

종류   a medicine oil 의료용 기름의 한 종류

단위   a water = a cup of water Give me a water 물 한 잔 줘

　　　어떤 포장 단위로 파는 물 제품

제품   an iron   철강제품 , a rubber 지우개,

2)a/an 추상명사

a Shakespeare 셰익스피어 작품

a Ford 포드자동차

5. 어떤

1)어떤(정해지지 않은 것)

It is true in a sense. 그것은 사실이다. 어떤 의미에서

2)칭호 앞에서 "어떤 ~라는 사람"

A Mr.Smith is waiting for you from morning. (스미스라는 사람이 아침부터 너를 기다리고 있다) 스미스가 여러 명 있다. 그 중 어떤 스미스 사람을 말한다.

3) 어떤 ~에도(any)➡부정관사는 어떤 집단 중의 하나이므로 "어떤 ~에도"란 뜻이 나오는 것이다.

  He goes with a hat of that color. (그는 그런 칼라의 어떤 모자에도 어울린다.)

"모자라는 전체 집단에 속해있는 어떤 한 개의 모자라도"의 뜻이다.

6. 서수에 a(an)이 쓰이는 경우: 아직 정하지 않은 경우이다. 아직 정해지지 않았으므로 부정관사라고 한다.

I want a third student to sing. 이미 두 명은 노래했고 아직
정해지지 않은 세 번째 학생이 노래 불렀으면 한다는 뜻임.
He tried a third time. 이미 두 번은 했고 세 번째 했다는 뜻임.
another의 뜻이다.

7.같은 같은(the same): 한 개 라는 뜻은 결국 같다는 뜻이다.
Birds of a feather flock together. (같은 깃털을 가진 새들은 함께
모인다.)
It's a revolution in personal growth.(그것은 개인이 성장하는 동안
의 혁명과 같은 것이다)

8. ~마다 We meet three times a month.(O)
We meet three times per the month.(X) per는 관사이다. 관사와
관사가 나란히 쓸 수는 없다.
He sells an 5 apples for $2.(그는 사과 5개마다 2달러에 팔고
있다.)복수 5 apples를 하나의 단위 묶음으로 생각하면 단수가
되므로 부정관사를 붙일 수 있다. 이처럼 복수를 하나의 단위로 생각
하면 단수가 되므로 복수에도 부정관사를 붙일 수 있다.

9. about~ "대략"의 뜻이다.
부정관사는 정해지지 않은 관사이므로 그 뜻이 "대략"이 된다.

10. 최고로 멋진 이때의 발음은 [ei]이다.
The girl has a leg. 그 소녀는 멋진 다리를 가지고 있다.

11. 명사 앞에 부정관사가 없으면 집합명사가 된다.
industry(산업계) an industry(기업) industries(기업들)

12. "한번 ~해보자"는 의도와 목적의 뜻이 들어있다.
 Can you take a look at the tire pressure?(가질 수 있나요 한번
보는 것을 타이어 공기압을?) 타이어 공기압을 한 번만 보자는
뜻이 아니라 타이어 공기압이 적정한 지 아닌지의 의도로

볼 수 있나요?란 뜻이다.

 Let's take a break.(자, 가집시다 한 번의 휴식을) 휴식을
한 **번**만 가지자는 뜻이 아니라 자 이제 조금 쉽시다는 뜻으로
휴식하고자 하는 의도와 목적이 들어있다.

Don't make a noise at night.(소란피우시 마라 그 때는 밤이다)
소란을 한번 만들어 보자는 의도를 행하지 마라

☞부정관사와 정관사와 무관사의 분류 기준

1. a/an은 형태 또는 범위가 있는 경우에 붙인다. 범위의 경우
그 범위가 여러 개 있어야 한다. 범위가 한 개일 경우는 무관사가
된다.

1)형태가 있는 경우

 an apple 사과가 형태가 있을 때 an을 붙일 수 있다.
만일 사과가 형태가 사라지면 물질명사가 되어 an을 붙일 수 없다.
There is apple in the cup. (거기에 있다 사과가 그 내부적 위치는
컵이다) 이 문장은 크게 두 가지로 번역된다. 컵 속에 사과가
주스형태로 있으면 There is **apple** in the cup. 문장이 맞고
컵 속에 사과 형태의 사과가 있으면 틀린 문장이 된다. 그 때는
There is **an apple** in the cup.이 되어야 한다.
Here is dog.(여기에 있다 개가) 개가 무엇인가에 짓눌려서 형태가
알아볼 수 없게 되면 더 이상 개가 아니고 물질명사가 된다.
참혹한 현장임을 알 수가 있다.
Here is a dog.(여기에 있다 개가) 살아있는 싱싱한 개를 말한다.

2)범위가 있는 경우

(1)같은 범위가 여러 개 있는 경우

an lake michigan(범위가 정해져 있고 미시간이라는 이름을 갖고
있고 호수가 여러 개 있을 때 an을 쓸 수 있다.

(2)범위가 한 개만 있으면 고유명사가 되어 무관사가 된다.
Lake Hwajinpo (화진포 호수)한 개만 있고 범위가 명확하므로
고유명사가 되어 무관사가 된다. 호수는 그 범위가 명확하므로
무관사를 쓴다.

2. the는 범위가 없을 때 범위를 한정짓기 위해서 쓴다.
the Alps 알프스 산맥은 어디부터 어디까지가 알프스 산맥인지를

정확히 모른다. 애매한 범위를 한정짓기 위해서 the를 쓴다.

the Han river 한강은 어디부터 어디까지가 한강인지를 정확히 특정할 수 없다. 애매한 범위를 한정짓기 위해서 the를 쓴다.

the Pacific 태평양은 어디부터 어디까지가 태평양인지를 특정할 수 없다. 애매한 범위를 한정짓기 위해서 the를 쓴다.

3. 범위가 명확하면 무관사가 된다.

Lake Hwajinpo 화진포 호수는 경계 범위가 명확하다. 관사를 사용하면 안 된다.

[정관사 the]

1. 경우의 수가 한 가지

(1)전체의, 모든

전체라는 경우의 수는 한 가지이다.

the water in the well(전체 물 이 물의 장소는 이 우물)

water in the well(일부분의 물)➡water앞에 관사가 없으면

일부분의 뜻.

The fashion industry (전체 패션 산업계)

The dog is faithful. (모든 개는 이다 충직한)➡the는 경우의 수가

한 가지 인데 한 가지라는 말은 전체를 하나로 본다는 뜻이다.

개라는 개 전부를 하나로 본 것이므로 모든 개를 말한다. 한마디로

모든 개는 충직하다는 뜻이다.

language development in the child.(언어발달 그 시기는(그 때는)

전체의 유아기) 전체 유아기에서의 언어발달

the peace of the rural life(전체의 평화와 관련 있는 것은 누구나

알고 있는 시골생활) 전체라고 하는 것은 "누구나 아는"의 뜻이다

All the world called him Super Man.(모든 전체의 세계가 불렀다

그를 수퍼맨이라고)

(2)실제적으로 갖고 있는 명사의 힘, 기능, 생활

the Seoul(실제적으로 서울에서의 생활), the pen(실제적으로 갖고

있는 펜의 힘)

(3)"진짜로", "가장 적절한", "가장 중요한", "가장 유명한"

오직 한 가지라고 주장할 때 the를 쓴다. 한 가지라는 말은 그만큼

중요하다는 뜻이다.

the right answer(가장 적절한 대답)

She is the most beautiful girl in Seoul.(그녀는 (상태)이다 진짜로 가장 아름다운 소녀 그 장소는 서울) 내가 생각하기에 그녀는 서울에서 가장 아름다운 소녀라는 뜻이고 그녀가 서울에서 제일 아름답다는 것을 강조하고 있다. the는 경우의 수가 한 가지이기 때문에 보통은 뒤에 어떤 범위가 나와 주어야 한다. 만약 범위가 없다면 이 문장을 듣거나 읽는 사람의 범위 내에서란 뜻이다.

(비교) a most beautiful girl (가장 아름다운 소녀들 중의 하나) 세상에는 가장 아름다운 소녀들이 엄청 많다. 왜냐하면 아름답다는 것은 주관적이기 때문이다. 최상급 앞에 the뿐만 아니라 부정관사가 올 수도 있다. 객관적으로 명백히 유일하면 the를 붙이지 않는다.

I don't know east from west here.(나는 모른다 동쪽 출발점은 서쪽 이곳) 단순한 동쪽과 서쪽을 말하는데 단순한 동쪽과 서쪽이란 우주인이 지구 위에서 지구를 볼 때의 유일한 방향인 동쪽과 서쪽을 말하므로 the를 붙이지 않았다.

I don't know the east from the west here.(나는 모른다 동쪽 출발점은 서쪽 이곳)동쪽, 서쪽이라고 주장하는 것은 나의 기준에서 이므로 the를 붙였다.

on the east, on the west등에 the가 붙는 이유는 주어의 기준에서 볼 때 동 쪽이라고 주장하기 위해서이다. the가 없으면 주어의 기준과 관계없이 우주에서 볼 때의 객관적인 동, 서, 남, 북이 된다. 누가 봐도 딱 한 가지 밖에 없으면 the를 쓰지 않는다. 여러 가지가 있을 때 한 가지라고 우길 때 the를 사용한다. The sun에서 sun은 사실 우주에서 보면 여러 개다. 지구에는 태양이 한 가지 밖에 없다고 우기기 위해서 the를 썼다.

(4)청자(듣는 사람)가 모른다고 해도 화자(말하는 사람)가 특정한 장소를 말할 때 사용할 수 있다.

Where are you going? I am going to the station.
청자가 화자가 말하는 정거장이 어디인지 모른다고 해도 화자가
특정한 장소를 가고자 할 때 the를 쓸 수 있다.

2. 유일하지 않은데 유일하다고 강조할 때 the를 쓴다.

범위가 불명확할 때 the를 사용하여 범위를 한정할 때도 사용한다.

the sun(태양은 우주에 많다. 그 중에서 우리가 보는 태양만이 유일
하다고 강조)

the moon(지구궤도를 도는 위성(moon)은 많다,
그 중에서 우리가 보는 달만이 유일하다고 강조)

the most beautiful girl in Seoul
(가장 예쁜지는 모르겠지만 가장 예쁘다고 강조)

the는 범위가 없을 때 범위를 한정짓기 위해서 쓴다.

the Alps 알프스 산맥은 어디부터 어디까지가 알프스 산맥인지를
정확히 모른다. 애매한 범위를 한정짓기 위해서 the를 쓴다.

the Han river 한강은 어디부터 어디까지가 한강인지를 정확히
특정할 수 없다. 애매한 범위를 한정짓기 위해서 the를 쓴다.

the Pacific 태평양은 어디부터 어디까지가 태평양인지를 특정할 수
없다. 애매한 범위를 한정짓기 위해서 the를 쓴다.

(참고) 범위가 명확하면 무관사가 된다.

Lake Michigan 미시간 호수는 경계 범위가 명확하다. 관사를
사용하면 안 된다.

3. 앞에 나온 단어나 내용을 가리킨다.

(1) " 그 ~", "거기에 있는"

앞에 나온 단어나 구를 반복할 때 the를 사용한다.

the는 old information를 나타내고 a/an은 new information을
나타낸다.

I would have liked to visit him, but I didn't have **the** time.
여기서 the는 to visit him을 가리킨다.
I have a car. **The** car is easy to drive.
The car는 앞의 car를 가리킨다.
All the trees and animals called her Little Moon.(모든 거기에 있는 나무들과 동물들이 불렀다 그를 작은 달이라고)
(2) "이~" : 말하는 사람과 듣는 사람이 모두 알 경우에 쓴다.
 The school band will hold an audition.(이 학교 밴드가 개최할 것이다 오디션을)
(3) 다음과 같은, 그런
He had the kindness to show me the way.(그는 가지고 있었다 다음과 같은 친절 그런데 그 친절이란 보여주는 것이다 나에게 그런 길을.)이때의 the는 뒤에 나올 내용을 미리 말하는 역할을 한다.
친절이 어떤 친절이냐 하면하고 뒤에서 설명해주고 있다.
The number of foreigners interested in Korean language has increased.
(그런 숫자와 관련된 외국인들이 관심있어 하는 형태는 한국어인데 그 숫자가 증가하고 있는 중) 그 숫자 있잖아 그 숫자는 한국어에 관심 있는 외국의 수거든..." 이런 식으로 말하고자 하는 명사 앞에 The를 붙인 후 그 명사를 설명(특히of사용)하면 문장 처음에도 The를 쓸 수 있다. The success of Korean firms(그런 성공과 관련된 일부 한국 회사들) 성공을 of를 이용해서 설명할 때 the사용함.
He is about the size of his brother. (그는 상태이다 거의 그런 크기이고 이 크기와 관련된 것은 동생이다) about는 "거의"란 뜻이다. 이때의 the는 뒤에 나올 내용을 미리 말하는 역할을 한다.
(비교) 어떤 명사가 수식받는 경우에 the를 안 붙이는 경우도 많다.

그 경우는 그 명사가 정해지지 않는 명사일 때이다.

Make a list of every goal you have.(네가 가지고 있는 모든 목표들로 이루어져 있는 목록을 만들어라) 만들어라 목록을 이 목록은 네가 가지고 있는 모든 목표들을 재료로 이루어져 있다 →목록은 정해져 있지 않으므로 the를 쓰지 않는다.

You have been a valued and respected employee of this company. (당신은 이 회사의 가치 있으면서도 존경받는 종업원입니다)→ 많은 종업원들 중에서 한 명의 종업원이므로 정해지지 않았다. 따라서 the를 쓰지 않는다. 특정해서 가리키면 the를 사용한다. 특정해서 가리키면 경우의 수가 한 가지가 된다. 다음에 나올 내용을 미리 언급할 때 사용한다.

Reference to someone or something is the act of talking about them.(참조하는 것의 대상은 어떤 사람 또는 어떤 것인데 그 참조는 상태이다 다음과 같은 행동인데 그것은 말하는 것이다 관련있는 것은 그들) 책 제목 중에 The rabbit and the turtle이 있는데 책표지부터 the가 나온 것은 토끼와 거북이에 관한 내용이 앞으로 책에 나온다는 뜻이다.

the employer who is paying for this nonproductive work time. (다음과 같은 고용주는 지불하고 있다 교환가치는 이러한 비생산적인 근무시간)

4. "유일한", "진짜의~", "가장 중요한", "가장~", "실제로"

→유일한 것은 가장 중요하다는 뜻이기도 하지만 유일하므로 진짜라는 뜻도 된다. 유일한 것은 진짜이므로 진짜인 것만이 실제로 존재한다.

The study of history 역사에 관한 연구(역사에 관한 **유일한** 연구) →유일하지도 않는데 유일하다고 주장하고 있으므로 건방진 표현이다.

A study of history 역사에 관한 연구(역사에 관한 상당한 연구, 역사에 관한 약간의 연구)

➔ 겸손한 표현

The man is the captain of the ship.(그 남자는 유일한 선장인데 이 선장을 갖고 있는 것은 이 배다)

The house of the mayor is big.(유일한 집을 갖고 있는 것은 이 시장인데 그 집은 크다)

A house of the mayor is big.((여러 개 중)한 개의 집을 갖고 있는 것은 이 시장인데 그 집은 크다) 시장이 갖고 있는 집은 여러 개인데 그 중에 아무 집이나 선택해도 그 집은 크다는 뜻이다.

This is **the** method to solve the problem.(이것은 그 문제를 해결할 **유일한** 방법이다.)

This is not **the** theory, but a theory. (이것은 **진짜** 이론이 아니라 하나의 이론에 불과하다.)

The department is **the** part of good administration.(그 부서는 훌륭한 행정부 중에서도 **가장 중요한** 부서이다.)

The application of mathematics to art was one of **the** primary characteristics of Renaissance art.(**실제적으로** 적용한다 수학을 그 대상은 예술인데 이러한 적용은 상태였다

한 개 이 한 개와 관련된 것은 **가장** 기본적인 특징이었는데 이 특징을 가지고 있었던 것은 르네상스 예술)

The zones of the sun are **the** corona, chromosphere.(전체 영역들이 속한 것은 태양인데 그 전체 영역들의 상태는 **실제적으로** 코로나, 채층들이다) 상대방이 corona,chromosphere등을 몰라도 이미 그런 것들이 실재하므로 the를 쓴다.

5. 보통 명사를 추상화시킨다.

She felt the mother rise in her heart.(그녀는 느꼈다 모성애가 떠오르는 것을 그 위치는 마음 속이다) 처음부터 the가 나왔다는 것은 누구나가 다 안다는 것이고 누구나가 다 안다는 것은 일반적이라는 뜻이며 일반적이라는 말은 추상화됐다는 것을 말한다. 즉 모성애가 된다. 누구나 다 아는 어머니는 무엇일까? 바로 모성애이다.

6. 정해진 것에 the를 쓴다.

(1) 서수 앞에 the를 쓴다. 서수는 정해진 순서를 나타낸다. the first child in the family 서수 앞에 the를 쓰는 경우에도 뒤에 어떤 범위가 와야 한다. 왜냐하면 the는 경우의 수가 한 가지이기 때문이다. 경우의 수가 한 가지가 되려면 어떤 범위 내에서 한 가지가 돼야 하기 때문이다.

(비교) a first child(첫 번째 태어난 아이들 중 한 명)뒤에 어떤 범위가 없는 경우에는 서수 앞에 the를 쓰지 않아도 된다.

(2) 단위 앞에 the를 쓴다. 단위는 하나로 정해져 있다. the는 정해진 것 앞에 위치한다.

The sugar sells by the pound.(설탕은 팔린다 단위는 파운드.) pound는 정해진 단위이므로 the를 쓴다. 꼭 pound단위로만 팔린다는 뜻이다. (비교)The sugar sells by a pound.(설탕은 파운드 단위로 팔린다.) 설탕이 팔리는 단위는 여러 개가 있는데 그 중에서 이 가게에서의 설탕은 pound단위로 팔린다는 뜻이다.

(3)누구나 다 아는, 누구나 다 알고 있듯이, 우리가 알고 있는 Money is the reason why she has married him.(돈은 이다 누구나 알 수 있는 이유 왜 그녀가 결혼했는지 그와) 돈은 왜 그녀가

결혼했는지를 짐작케 하는 **누구나 알 수 있는** 이유이다) ➡the는
누구나 알 수 있는 이유를 나타낸다.

Money is a reason why she has married him.(돈은 이다 (여러
가지 이유들 중의) 한 가지 이유다 왜 그녀가 결혼했는지 그와)
➡돈은 왜 그녀가 결혼했는지의 이유 들 중 하나이다. a는 여러 가지
이유들 중의 하나를 말한다.

The sun rises in the east. (태양은 뜬다 그 위치는 누구나
다 아는 동쪽)태양은 누구나 다 아는 동쪽에서 뜨기 때문에 "누구나
다 아는"의 뜻을 가진 the를 썼다.

The dog is faithful. (누구나 다 알고 있듯이 개는 상태이다 충직한)
문맥에 따라 The dog을 "모든 개"라고 할 수도 있고
"누구나 다 알고 있는"으로 번역할 수 있다.

The dolphin is an intelligent animal.(우리가 알고 있는 돌고래는
지적인 동물이다)

7. 너무나 명백하게 유일하면 생략한다.

누가 봐도 하나밖에 없으면 the를 쓰지 않는다.

(1)고유의 직책이 보어에 쓰이면 the를 생략한다.

He was appointed President.

대통령이 하나뿐인 나라에서 대통령으로 임명되었다는 뜻이다.

대통령이 하나뿐이므로 the를 쓰지 않는다.

He was appointed the president.(그는 상태였다 임명된 진짜
대통령으로)대통령이 여러 명일 경우 the를 쓰면 여러 명의
대통령 중 진짜 대통령이라는 말이 된다. 내정이 불안한 나라에서
쓸 수 있는 문장이다.

(2) God 누가 봐도 기독교의 하나님은 한 분이시므로 the를 쓰면

안 된다.

8. 반복하면 the를 쓴다.

반복하면 저절로 특정되어 지므로 the를 쓸 수 있다.

They are likely to be worried again with the beginning of the cold weather. (그들이 가능성 높게 걱정할 것처럼 보인다 그 이유는 그 시작인데 무엇이 시작하냐하면 (반복되는) 차가운 날씨이다. 앞의 the는 beginning이 어떻게 될 것이라는 것을 나타내는 발어사 같은 것이고 뒤의 the는 반복되는 것을 나타낸다.

9. the도 얼마든지 부사가 될 수 있다.

The design is the most desired.(그 디자인이 상태이다 진짜로 가장 많이 바람직하다)

the가 부사 most를 꾸미므로 the의 품사는 부사가 된다.

10. 누구나 가고 싶어하는, 누구나 소유하고 싶은, 누구나 알고 있는

The body shop: 누구나 가고 싶어 하는 바디샵

the car: 누구나 소유하고 싶은 자동차

The house has blue wall.

(누구나 알고 있는 그 집은 가지고 있다 푸른 벽을)

11. 당신은 모르지만 화자가 강조하는

the power to surprise (당신은 모르지만 우리 기아자동차가 강조하는)힘은 (시간이 지나면) 그 결과 놀라움이 된다.

상대방은 몰라도 화자만 알고 강조하는 경우에 the를 사용할 수 있다.

☞the의 정리

1. 어떤 기준으로 정해질 때 사용한다.

the left, the right(내 기준에서 왼쪽, 오른쪽)

the east, the west(내 기준에서 왼쪽, 오른쪽)

2. 절대적인 기준일 때는 the를 사용 안한다.

east, west 지구 위라는 절대적인 기준일 때는 the를 사용안함.

3. 전체를 나타낼 때 사용한다.

the simpsons(심슨씨 가족 전부) simpson은 성(性)을 나타낸다.
가족이므로 simpson이 많으므로 가족은 simpsons로 복수가 된다.
이 가족 전체를 말할 때 the simpsons가 된다. simpsons는
일부 가족만을 말한다.

4. "가장~한"의 뜻을 말할 때는 뒤에 범위가 나와야 한다.

She is the most beautiful girl in Seoul.(그녀는 (상태)이다 진짜로
가장 아름다운 소녀 그 장소는 서울) 서울이라는 범위내에서 가장
아름답다는 뜻이다.

5. 유일하다고 강조할 때 사용한다.

the moon 그 위성이 유일하다고 강조할 때 the를 사용한다.

6. the + 대문자로 시작하는 명사

the를 포함한 대문자로 시작하는 명사가 고유명사가 된다.
the White House(백악관), the Times(영국 일간 신문지)
the Moon 달
(참고) Moon 이 위성만 온 우주에서 실제로 유일하다.
[the+ 명사는 it로 받을 수 있다, 문장 가운데서 it이 나오면
이 it은 나도 알고 상대방도 아는 것이다. the+ 명사에서 the는
나도 알고 상대방도 아는 것을 나타내기 때문에 it으로 받을 수
있지만 a+ 명사를 it로 받을 수는 없다,

왜냐하면 a가 부정관사로 정해지지 않았기 때문에 it으로 받을 수 없다.

[the와 a/an의 비교]

1. the는 old information을 나타내고 a/an은 new information을 나타낸다.

2. 영어는 new information을 문장 앞에 놓는 것을 어색해 한다.

  There is a beautiful picture on the wall.

  The owner loved the picture.(X)

The picture was loved by the owner.(O)

the owner는 new information이기 때문에 문장 앞에 오면 어색하다. 이에 반하여 the picture는 old information이기 때문에 문장의 앞에 올 수 있다.

A restaurant is on the street.(X)

There is a restaurant on the street.(O)

new information을 문장의 맨 앞에 쓰면 어색하므로 there is를 이용한다. there은 나도 알고 너도 아는 장소를 나타낼 때 사용한다.

Here she comes.(여기 그녀가 오네)(O)

Here Jane comes.(여기 제인이 오네)(X)

she는 대명사로서 old information에 해당하고

Jane은 new information에 해당한다.

[무관사]

1. 보통명사에 부정관사 또는 정관사가 붙지 않을 경우

1)고유명사가 된다.

Waiter, bring me a coffee.(웨이터, 갖다 주세요 나에게 한 잔의 커피를)

보통명사 waiter앞에 관사가 없으면 waiter가 고유명사가 되어 대문자(Waiter)로 시작된다.

2)추상명사가 된다.

보통명사에 부정관사 또는 정관사가 붙지 않으면 그 보통명사가 가지고 있는 추상적인 뜻이 된다.

I sat at table.(나는 앉았다 그 정확한 위치는 테이블) 이 때의 테이블은 그냥 테이블이 아니라 테이블이 가지는 추상적인 뜻을
나타낸다. 테이블의 추상적인 뜻은 식사를 위한 것이다. 즉, 식사를 하기 위해 앉았다는 뜻이 된다.

I sat at a table.(나는 앉았다 그 정확한 위치는 어떤 테이블이다) 단순히 어떤 테이블에 앉았다는 뜻이다.

I watch TV.(나는 시청한다 TV를) 가전제품인 TV를 보는 것이 아닌 TV가 가지는 추상적인 뜻, 즉 드라마, 뉴스, 영화등을 말한다.

I watch a TV.(나는 쳐다본다 어떤 TV를) 가전제품인 TV를 본다.

2. 추상명사에 부정관사 또는 정관사가 없는 경우

반복적인 것을 나타낸다.

I have breakfast.(나는 먹는다 아침을) 매일 반복적으로 아침을 먹기 때문에 관사를 붙이지 않는다.

I had a breakfast.(나는 먹었다 특별한 아침을) 부정관사가 붙으면 뭔가 특별하고도 거창한 아침을 먹는 것을 말한다. 평상시에는 아침

에 빵을 먹다가 어느 날은 아침에 진수성찬의 아침을 먹었다면
I had a breakfast.가 된다.

이 문장을 I have a breakfast.라고 현재시제로 쓰면 이상한 뜻이
된다.

I go to work.(나는 간다 그 도착지는 직장이다) 직장을 반복적으로
가기 때문에 부정관사 또는 정관사를 붙이지 않았다.

I go to a work.(나는 간다 그 도착지는 어떤 직장이다)
 내가 모르는 어떤 직장에 간다는 뜻이다.

3. 명사에 부정관사 또는 정관사가 붙지 않으면 누구나 아는 명사가 된다. 누구나 아는 명사에는 the가 붙는데 이것이 더욱더 누구나 알게 되면 the를 생략하게 된다.

 I ate lunch.(나는 먹었다 점심을) 누구나 아는 lunch이므로 관사가
없다.

He drove his car down south.
(그는 운전했다 그의 자동차를 아랫방향은 남쪽)
 누구나 아는 남쪽 방향이므로 south앞에 어떠한 관사가 없다.

 A gale was blowing from the east.
(돌풍이 불어오고 있는 중 이었다 출발점은 그 동쪽)
 어떤 지점을 기준으로 동쪽방향이므로 east앞에 the가 붙었고 번역
시 "그 동쪽"이라고 번역해야 한다.

 The sun rises in the east.
(태양은 떠오른다 그 위치는 누구나 아는 동쪽이다)

 The sun rises in east.(태양은 떠오른다 그 위치는 동쪽이다)
 east에 관사가 없으므로 절대적인 동쪽이 된다. 그런데 우주 관점에
서 보면 지구는 동쪽일까, 서쪽일까, 남쪽일까???? 확실하지
않으므로 The sun rises in east.는 사용할 수 없다.

(주의) 무관사 명사에 관사가 붙는 경우는 특정 경우이다. 특정 경우란 무관사 명사 앞에 형용사가 붙는 경우이다.

I ate a poor lunch.(나는 먹었다 빈약한 점심을)

4. 물질명사

1)물질명사에 부정관사 또는 정관사가 있을 경우

(1)물질명사에 부정관사 또는 정관사 붙으면 보통명사가 된다.

Waiter, bring me a coffee.(웨이터, 갖다 주세요 나에게 한 잔의 커피를)

물질명사 coffee에 부정관사가 붙으면 셀 수 있다는 뜻이 되고 coffee가 셀 수 있다는 뜻은 한 잔, 두 잔이라는 말이 된다.

(2)물질명사에 the가 붙고 물질명사를 설명해주는 말이 뒤에 올 경우는 물질명사 전체를 나타낸다. the water in the well(이 우물 안에 있는 **모든** 물)

(비교)물질명사에 관사가 없고 물질명사를 설명해주는 말이 뒤에 올 경우는 물질명사 일부분을 나타낸다. water in the well(이 우물 안에 있는 **일부분의** 물)

2)물질명사에 부정관사 또는 정관사가 없을 경우

①일부분을 나타낸다.

water in the well(이 우물 안에 있는 일부분의 물)

②보통명사에 부정관사 또는 정관사가 없으면 그 보통명사는
물질명사로 변한 것이다.

Do you like a dog?(당신은 좋아하나요 개를)

이 문장의 개는 살아있는 개를 말한다.

Do you like dog?(당신은 좋아하나요? 개고기를)

물질명사는 기본적으로 아무리 쪼개도 물질명사가 된다,

dog앞에 부정관사 또는 정관사가 없으므로 물질명사가 되며

물질명사는 아무리 쪼개도 물질명사이므로 개고기란 뜻이다.

I like a cat.(나는 좋아한다 고양이를)

I like cat.(나는 좋아한다 고양이 고기를)

I like a horse.(나는 좋아한다 말을)

I like horse.(나는 좋아한다 말고기를)

5. 추상명사

1)추상명사에 부정관사 또는 정관사가 붙지 않고 추상명사를 설명하는 글이 뒤에 올 경우 추상명사의 일부분을 나타낸다.

I have difficulty reading a book.(나는 가지고 있다 어려움을 그 어려움은 읽는 것이다 책을) difficulty앞에 관사가 없으므로 difficulty 일부분을 나타낸다. 어려움(difficulty)이란 매우 많다. 그 중에서 책을 읽는 어려움만을 말하고 있으므로 difficulty 일부분만을 나타낸다.

2)추상명사에 the가 붙고 추상명사를 설명하는 단어나 글이 뒤에 있으면 설명하는 글에 해당하는 만큼의 전체를 나타낸다.

The fashion industry (패션 산업계 전체) fashion뒤에 industry가 붙어있으므로 패션산업이라는 뜻으로 제한되고 있으며 fashion앞에 the가 붙었으므로 패션계 전체를 나타낸다.

3)추상명사에 어떠한 관사도 붙지 않고 그 추상명사를 설명하는 글이 뒤에 없으면 추상명사 전체 즉, 자체를 나타낸다.

직책과 같은 추상명사에 관사가 없으면 유일하다는 뜻이다.

Success depends on your efforts.(성공은 달려있다 너의 노력에) success앞에 관사가 없으므로 성공(success)그 자체를 말한다.

He is president. (그는 상태이다 대통령) president앞에 어떠한 관사도 없으므로 유일함을 나타낸다. 이 나라에는 대통령이 한 분이라는 것을 알 수 있다.

(비교)He is the president. (그는 상태이다 진짜 대통령) president 앞에 the가 있는데

the는 유일하다고 강조할 때 사용하는 형용사다. 이 나라에는 대통령이 여러 명 있는데 그 중에서도 그가 진짜 대통령이라고 강조할 때 the를 쓴다. 아마도 내전 중인 나라일 것이다.

4)추상명사에 부정관사가 붙으면 보통명사가 된다.

He is a success.(그는 성공한 사람이다) 부정관사가 붙었다는 것은 셀 수 있다는 말이고 셀 수 있으므로 보통명사가 된다.

(관사의 정리)

The concert was success.(그 콘서트는 (상태)였다 성공) success 앞에 관사가 없는데 관사가 없으므로 success 단어 그 자체를 말한다. 그 콘서트는 성공 그 자체였다는 뜻이다.

The concert was a success.(그 콘서트는 (상태)였다 상당한 성공) 부정관사 a는 정할 수 없다는 뜻이므로 "상당한 성공"이라고 할 수 있다.

The concert was the success.(그 콘서트는 (상태)였다 진짜 성공) 콘서트가 내가 볼 때 진짜 성공적이었다고 말하는 것으로 성공했는지 안 했는지가 중요한 것이 아니고 진짜 성공적이라고 주장할 때 쓰인다. 위 세 가지 문장에서 success가 제일 세고 a success가 두 번째로 세고 the success는 주장에 불과하므로 제일 약하다.

[도치]

첫째: 해석상 오해를 불러일으키지 않도록 하는 것이 도치하는 가장 중요한 목적이다.

If you keep in mind **that it is derived from the Latin word 'cor' meaning 'heart'**

여기서 **that it is derived from the Latin word 'cor' meaning 'heart'**가 원래의 목적어

자리에 가면 If you keep **that it is derived from the Latin word 'cor' meaning 'heart'**

in mind.가 된다. 여기서 in mind가 **'heart'**를 꾸며주는 것으로 번역상 오해를 할 수가 있으므로 that절을 뒤로 보내서 in mind는 keep을 설명하는 부사라는 것을 알려주고 있다.

둘째: 강조하기 위한 것

영어는 명사 중심어이고 이들 명사는 대부분 문장의 맨 앞에 나오는데 이러한 명사 대신에 다른 단어가 문장 맨 앞에 오면 이 단어가 명사만큼 중요하다는 것을 알 수가 있다.

아래에는 목적어, 형용사, 부사, 수동태의 도치를 예를 들어서 설명했는데 이렇게 분류해서 설명해 놓은 것은 문장의 구조를 이해하기 좋게 하기 위해서일 뿐 학습자의 입장에서는 깡그리 무시하고 그냥 앞에서부터 번역하면 된다. 책을 쓰는 저자의 입장에서는 학술적으로 분류를 해야 하기 때문에 해 놓은 것에 불과하므로 영어 학습하시는 입장에서는 개무시해도 됩니다.

1. 목적어의 도치

Going by railway I do not consider as travelling at all.

(가는 것 이용하는 것은 기차인데 나는 고려하지 않는다 그것이 여행

이라고 조금도)

=I do not consider going by railway as travelling at all.

2.형용사의 도치

형용사가 주어 자리에 오면 명사로 번역하면 된다.

So powerful was his effect on his audience.

(너무 강력한 것은 상태였다 그가 충격을 주어서 그 충격의 접촉위치
는 그의 청중)

=His effect on his audience was so powerful.

3. 부사의 도치

By justice is meant fair play. (이용방식이 공평하다는 것이 의미
하는 것은 공정한 경기이다) =Fair play is meant by justice .

4. 수동태의 도치

수동태가 도치되면 pp가 주어 자리에 가는데 pp가 주어자리에 가면
pp는 명사로 번역된다.

Enclosed are our official forms.(동봉되어 있는 것들이 상태이다
우리의 공식 양식)

=Our official forms are enclosed. (우리의 공식양식이 동봉되어 있
다)

[분위기법과 가정법]

분위기법과 가정법은 완전히 다르다. 분위기법은 문법상 일부러 시제를 틀리게 해서 문장의 분위기를 주관적으로 나타내거나 겸손하게 나타내는 것이고 가정법은 문법상 시제를 정확히 일치시켜 문장의 뜻을 글자그대로 가정하는 것이다.

1. 분위기 법

분위기 법은 대부분 조동사나 be동사를 이용해서 분위기를 만든다. 분위기법은 문법상 틀린 시제를 사용한다. 문장 중에 시제 일치상 is가 나와야 하는데 were가 나오면 시제불일치가 되는데 이렇게 틀린 시제를 사용하면 분위기법 이므로 그 표현을 주관적으로 하거나 매우 겸손하게 하면 되고 문장 중에 시제 일치상 can이 나와야 하는데 엉뚱하게 could가 나오면 분위기법 이므로 그 표현 또한 주관적이므로 매우 겸손하게 해야 한다. 예를 들어 can의 경우 "~할 수 있다"인데 이것을 겸손하게 표현하면 "~할 수 도 있을 것이라고 조심스럽게 생각해 봅니다"란 뜻으로 원래의 단어 뜻보다는 더 주관적이고(추측적이고) 겸손한 표현이 된다. 가정법은 한글처럼 그냥 가정하면 된다. 주관적이란 말은 추측적이다란 뜻이다.

1) 조동사 있는 분위기법

(1) if절 분위기법

 If I were you, I would go there. "제가 만일 당신이라면, 거기에 갈 텐데요"

If I were you에서 문법에 맞는 동사는 was이어야 하는데 were가 왔으므로 가정법이 아닌 분위기법인 것을 알 수 있다. 여기서 were는 현재 시제 is의 겸손한 표현인데 원래 이 문장은

If I am you(네가 만일 너라면)의 문장을

If I were you로 바꿔 써서 겸손하게 표현한 것이다. would가 과거가 아닌 현재시제이듯이 were도 과거가 아닌 현재시제이다.

(caution) if절 가정법

If you lived closer to the supermarket, you could walk there.

(수퍼마켓에 좀 더 가까이 살고 있다면, 거기에 걸어갈 수 있을 텐데)(X)

(수퍼마켓에 좀 더 가까이 살았다면, 거기에 걸어갈 수 있었다.)(O)

이 문장은 분위기법 문장이 아니다. 조건절(If절)에 과거 시제가 있고 주절에 과거 시제가 있기 때문에 문법적으로는 완벽한 문장이 되기 때문이다. 분위기법 문장이 되려면 문법적으로 특히 시제 부분이 틀려야 한다. 따라서 이 문장은 가정법(만약 ~한다면) 문장이 된다. 가정법 문장은 시제을 충실히 번역해 주어야 한다. 기존 문법 책의 번역은 다음과 같은데 틀린 번역이 된다. "수퍼마켓에 좀 더 가까이 살고 있다면, 거기에 걸어갈 수 있을 텐데"(X)

왜 이렇게 틀린 번역이 되냐 하면, 분위기법 문장과 가정법 문장을 정확히 구분하지 못하고 있기 때문이다. "수퍼마켓에 좀 더 가까이 살았다면, 거기에 걸어갈 수 있었다."(O) 이 번역은 가정법에 충실하게 번역을 한 것으로 시제를 정확히 번역했다. 이렇듯이 분위기법과 가정법을 정확히 구별하는 것은 매우 중요한 일이 된다. 여기서 could는 can 의 과거의 could이다.

(2) if절이 없는 분위기법

would, could, should, might,

could have + pp, should have + pp, might have + pp, would have + pp등이

문맥의 앞, 뒤 상 시제에 안 맞게 나오면 분위기법이 된다. would, could, should, might은 우선 기본적으로 will, can, shall, may의 과거

시제이다. 이러한 과거 시제 조동사가 현재 시제에 갑자기 나오면 이것은 시제의 일치에 어긋나므로 분위기법이 된다.

It is natural that you should be rich. (네가 부자가 되는 것은 당연하다.)

주절의 동사가 현재 시제이므로 종속절의 동사는 현재이거나 미래가 되어야 하는데 과거이므로 시제가 맞지 않는다. 이렇게 시제가 맞지 않으면 분위기법이란 것을 알아야 하며 번역 역시 원래의 시제로 번역하지 않고 한 시제 더 미래, 즉 현재 시제로 해야 한다.

2) 조동사 없는 분위기법

(1) as if분위기법

She speaks as if she were an American. 정상적인 문법으로는 were가 아니라 was이어야 하는데 were가 됐으므로 비정상적인 시제를 나타낸다. 이런 경우 분위기법이 된다. (그녀는 말한다 마치 그녀가 미국인이었으면 하는 것처럼 말한다) 발음상 미국인 보다는 훨씬 못하면서도 그냥 폼만 재는 상황을 나타낸다.

She speaks as if she is an American.이 된다.

as if는 "마치 ~ 처럼"의 뜻인데 정확한 의미는 as 가 동격을 나타내므로 똑같다는 것을 강조하게 된다. 그녀가 영어를 말하기는 하는데 그 말하는 실력이 미국인과 똑같다는 뜻을 나타낸다. 발음이 미국사람하고 똑같다.

She speaks as if she were an American.

She speaks as if she is an American.

위 두 문장의 차이점은 결국 분위기법(윗문장)은 완전히 미국사람하고는 전혀 비슷하지도 않다는 비아냥이 들어있는 것이고 가정법(아래문장)은 미국사람하고 거의 같다는 뜻으로 객관적인 뜻을 나타낸다.

She spoke as if she were an American.

(그녀는 마치 미국인처럼 말했다.)

were가 아니고 was이어야 하는데 문법상 틀리는 were를 썼으므로 분위기법이 된다. 발음을 미국사람 흉내내서 한다는 뜻이다. 미국사람하고 똑같이 발음하는 것이 아니라 흉내만 낸다는 표현이다.

She spoke as if she was an American.

(그녀는 마치 미국인처럼 말했다.)

시제의 일치가 맞으므로 그녀는 실제 미국인처럼 발음했다는 것을 알 수 있다.

(2) I wish 분위기법

I wish you could go there.

(나는 네가 거기에 갈 수 있다고 조심스럽게 소원한다.)

wish가 현재 시제이고 could은 원래가 과거 시제이므로 문법적으로 시제 일치가 안 되므로 이것은 분위기법이 된다.

I wish you had come here. (나는 당신이 여기에 왔으면 하고 소원합니다.)

wish가 현재 시제이고 had come은 과거 완료이어서 문법적으로 시제 일치가 안 되므로 이것은 분위기법이 된다. 분위기법이 되면 한 시제 더 미래가 된다. 즉, 과거 완료이면 과거가 되고 과거이면 현재가 된다. 생긴 것은 과거 완료이지만 분위기를 나타내기 위해서 일부러 시제를 불일치시킨 것이므로 원래 시제인 과거로 해석해야 옳은 것이다. 일단 이렇게 분위기법이라고 판단이 되면 겸손한 표현으로 번역을 해야 한다.

I wish you had come here. (분위기법 문장)

(나는 당신이 여기에 왔으면 하고 소원해 봅니다.)

I wish you came here.(가정법 문장)

(나는 네가 여기에 왔으면 한다.)

과거 시제는 명백한 과거 사실이므로 분명한 과거로 번역해야 한다.

I wish you had come here.와 I wish you came here.는 둘 다 과거에 이루지 못한 사실을 나타내지만 겸손한 점에 차이가 있다.

I wish you had come here.은 I wish you came here.문장을 매우 겸손하게 표현한 것으로 상대방의 감정과 마음을 상하게 하지 않으려는 의도로 매우 겸손하게 말한 표현이다.

2. 가정법(만약 ~한다면)

가정법은 문법적으로 맞는 문장이다.

1) if가정법

대부분의 if절은 가정법(만약 ~한다면)의 뜻이다.

She said as if she had read the book. (그녀는 마치 그 책을 읽었던 것처럼 말했다.)

조건절에 과거 완료가 쓰이면 조건절의 번역은 "~이었던 "이 된다.

종속절에 과거완료가 쓰이면 주절은 과거가 오는 과거 완료용법이 된다.

if절에 과거 완료가 쓰였는데 주절에 왜 조동사가 없을까? 하고 이상하게 생각하면 안 된다. if 조건절에 과거 완료가 쓰이면 주절에 조동사가 올 수 도 있고 일반 동사가 올 수 도 있다.

She says as if she has read the book. (그녀는 마치 그 책을 읽은 것처럼 말한다.)

종속절에 현재 완료가 오면 주절은 현재 시제가 와야 한다. 왜냐하면, 종속절의 현재 완료는 명백한 현재 시제이기 때문이다.

주절과 종속절의 시제가 다 같이 현재시제이면 문법적으로 맞는데 이렇게 문법상 맞으면 가정법이 된다.

If I was rich, I could buy a car. (내가 부자였다면, 나는 차를 살 수 있었다.)

2)I wish가정법

I wish you went there. (나는 네가 거기에 **갔으면** 좋을텐데)

주절이 현재 시제이므로 현재 소원하고 있다는 뜻이 되고 종속절은 "거기에 갔다"는 과거를 나타내는데 "네가 과거에 거기에 갔으면 현재 좋을텐데"란 뜻은 네가 과거에 거기에 가지 않았기 때문에 현재 괴롭다는 뜻이 된다.

기존 문법에서는 가정법 과거라고 해서 현재 사실의 반대라고 하지만 전혀 그렇지 않다. 그냥 문장 그대로 단어 그대로 해석하면 아무런 문제없이 뜻이 해석된다.

I wish you went there. (나는 네가 거기에 **간다면** 좋을텐데라고 조심스럽게 생각한다) wish가 현재시제이고 went가 과거시제이므로 시제 불일치라고 볼 수도 있다.이 경우 문법이 맞지 않으므로 분위기법이 될 수 있다.

you went there에서 went는 현재시제가 된다. 과거로 번역하지 않는다.

I wish you came here.(가정법 문장)(나는 네가 여기에 왔으면 좋을텐데.)

과거 시제는 명백한 과거 사실이므로 분명한 과거로 번역해야 한다.

I wish you came here.(분위기법 문장)(나는 네가 여기에 오면 좋을텐데라고

조심스럽게 생각해본다)

정리하면

I wish 주어+과거동사는 문맥에 따라 두 가지로 번역될 수 있다.
하나는 분위기법으로 하나는 가정법으로 번역가능하다.

**가정법과 분위기법은 어떤 내용을 가정법은 객관적으로 말하는
것이고 분위기법은 주관적으로 말하는 것이다.**

[조동사]

조동사가 시제의 일치에 맞지 않게 쓰였을 경우는 "추측+조심스러운 생각"이 포함되어 있는 뜻을 나타낸다. 즉 분위기(법)를 나타낸다. 조동사는 본동사를 도와주는 역할도 하지만 그 자체가 별도로 하나의 동사가 될 수 있다.

(보기) 나는 하지 않아➡I don't   그는 하지 않을 거야 ➡He won't
그녀는 하지 않았어➡She didn't   내가 할 수 있니? Can I
너는 할 수 있니? Can you
Those who could bought war bonds.(할 수 있는 사람들은 샀다 전쟁채권을)

1. 조동사의 종류

1) will

will은 미래를 나타내는 시제가 아니다. will은 화자의 의지 또는 추측을 나타낸다. 화자란 문장을 말하는 사람을 말한다.

(1) 1인칭: 주어(화자)의 의지 또는 추측을 나타낸다. will이 의지를 나타낼 때는 "지금부터 ~할 것이다"란 뜻으로 마음먹은 시점이 "지금"을 나타낸다.

I will be rich. (나는 부자가 될 것이다.) ➡의지

I will be rich. (나는 부자가 될 거야.)➡추측

(비교)be going to do

1)앞으로 99.9% 확률로 일어날 일을 말한다.

The mountain is going to collapse.(이 산은 무너질거야)

2)과거부터 마음먹은 의지를 미래까지 이어져 나감

be going to do는 "과거부터 마음먹은 것을 앞으로 ~할 것이다"란 뜻이다.

I'm going to be rich.(나는 부자가 될 것이다) 과거부터 부자가 될 마음을 먹었음을 나타낸다.

(2) 2인칭, 3인칭: ~할 것이다. 화자의 추측을 나타낸다.

추측에는 현재의 추측과 미래의 추측이 있다.

①현재의 추측 My baby will be sleeping now.

②미래의 추측 She will come tomorrow,(그녀는 내일 올 것이다.)

(3)2,3인칭 주어가 의지가 있다고 화자가 추측한다.

He won't go there. 단순한 추측➔ (그는 거기에 가지 않을 것이다)

주어가 의지가 있다고 화자가 추측

➔ (그는 거기에 가려고 하지 않는다)

2) would

(1) will의 과거: would는 과거에서 바라본 will의 뜻이다.

When he was a child, he would buy a small dog. (그는 어릴 때, 그는 사려고 했다 조그만 개를.) would가 과거 시제에 쓰여서 조그만 개를 사려고 했다는 것을 나타내고 있다. 어릴 때를 기준으로 해서 이 문장을 말하는 시점을 향해서 주어가 의지가 있으므로 "~할까?"라고 화자가 추측하는 것이다.

(2)분위기법 would: 현재시제로서 "(제가)조심스럽게 추측하건데 ~라고 생각합니다." will을 객관적이라고 한다면 would는 주관적이라고 할 수 있다. 주관적이라는 말은 추측, 불확실한, 겸손등등의 뜻이 혼합되어 있는 것을 말한다.

If I were you, I would go there. (제가 만일 당신이라면, (제가)조심스럽게 추측하건데 갈텐데요 그곳에.)

If I were you가 현재 시제이므로 would 역시 현재 시제로 번역해야 한다. "저는 거기에 갈 것으로 조심스럽게 추측합니다."이므로 "거기에 갈텐데요"로 번역하면 된다.

Will you like some tea ? "너 차 마실래?" 2인칭에서의 will은 주어가 의지가 있다고 화자가 추측하는 것이므로 "너는 지금 차 마실 의지가 있다고 추측한다."의 뜻이므로 "너 차 마실래?"의 뜻이 된다.

Would you like some tea ? (차 드시겠어요?) will의 겸손한 표현이므로 will의 원래 번역에 "~라고 저는 추측합니다"의 뜻만 추가하면 된다. "당신이 차 마실것이라고 저는

추측합니다"의 뜻이므로 줄여서 번역하면 "차 드시겠어요?"가 된다.

3) would have + pp

(1) would have + pp가 현재 시제에 쓰이는 경우: (내가)조심스럽게 추측하건데 ~했을 거다.

She would have bought the car.그녀는 (내가)조심스럽게 추측하건데 샀을 거다 그 차를

would은 추측을 나타내는 will의 겸손한 표현이다.

would have + pp와 will have + pp와는 어떤 차이가 있을까? 겸손한 표현이냐 아니냐의 차이밖에는 없다.

will have + pp와 would have + pp는 둘 다 현재 완료를 가지고 있으므로 과거에 어떤 사실이 발생했냐 안 했냐를 추측하는 것이다.

즉 현재 완료의 have + pp에서 pp부분은 반드시 과거로 번역해야 한다.

①She will have bought the car. (그녀가 샀을 거다 그 차를)

She has bought the car. (그녀가 샀다 그 차를) ➡ 그녀가 차를 확실히 샀다➡과거 사실의 강조

She bought the car. (그녀가 차를 샀다)➡그녀가 차를 샀다➡단순한 과거 사실의 표현

②She would have bought the car. (그녀는 (내가)조심스럽게 추측하건데 샀을 거다 그 차를)

(2) would have + pp가 과거 시제에 쓰인 경우:~했었다면 ~했을 것이다

If she had had money, she would have bought the car.
(그녀가 돈을 가졌었다면, 그녀는 샀었을 거다 그 차를.)➡"샀었을 거다"에서 "샀"은 bought번역이고 "었"은 would have번역이다. would have + pp가 과거 시제에 쓰이면 한글의
과거 시제가 두 개가 필요하며 겸손한 표현이 아니다.

4) shall

shall의 개념은 "종속"이다. 즉, 누군가에게 종속되어 있다는 뜻이다.
종속되어 있다 보니 그 번역 상 "~하기로 되어있다",
 ~이기로 되어있다"로 번역되며 일반적으로 will보다
한참 높은 수준의 추측을 한다.

(1) 1인칭:
① 평서문:
I shall be rich. (나는 되기로 되어있다 부자로.)
부자 될 가능성 99.99%
나를 부자로 만들어 줄 누군가에게 종속되어 있어서 부자가
될 수 밖에 없다는 뉘앙스가 스며들어있다.
I will be rich.(나는 될 것이다 부자가.)
➡나의 의지에 의해 부자가 될 거다.
부자될 가능성 70%
Your wireless devices shall connect seamlessly.
(당신의 무선기기는 연결되게 되어 있습니다 균일하게)
무선기기가 동작되면 종속적으로(자연히) 균일하게 연결된다는 뜻임.
I shall meet him at the building at 7 pm.

(나는 만나기로 되어있다 그를 그 정확한 위치는 그 빌딩 정확한 시각은 오후7시)

어떤 계약이나 규칙등에 종속되어 만나기로 되어있다는 뜻이므로 꼭 만나야만 된다.

② 의문문:

Shall I speak English? (제가 말하기로 되어있나요 영어를)

난 말할 생각도 없지만 상대방이 원하면 영어를 말한다는 뜻으로 상대방에게 종속되어 있다. 상대방이 원해야만 말할 수 있다.

Yes, please do.

No, please don't.

Shall we dance?(우리가 되어있나요 춤추기로)

우리가 어떤 규칙등에 의해서 종속되어 있나요 춤추는 것으로?

Yes, let's.

No, let's not.

Will I open the door?(X)

(내가 문을 열까요?) 이런 문장은 존재하지 않는다. will은 의지나 추측을 나타내는데 "제가 제 의지로 문을 열까요?"라는 문장은 논리상 맞지 않는다.

(2) 2인칭의 경우

You shall be rich. (너는 되기로 되어있다 부자가.)

Shall you be rich? (네가 되기로 되어있을까 부자가?)

(3) 3인칭의 경우

① 평서문

He shall buy a big house. (그는 사기로 되어있다 큰 집을)

He will buy a big house.(그는 살 것이다 큰 집을)

will과 shall 둘 다 추측이라고 할 수 있다. will이 일반적인 추측이라면 shall은 가능성이 매우 높은 추측이다. 그래서 shall에는 상당수준의 의무가 있다.

② 의문문: Shall he dance? (그가 춤추기로 되어있나요?)

5) should

should는 여러 개의 경우의 수가 있을 때 가장 적합하다고 생각하는 경우의 수를 말할 때 사용된다. 신발을 냉장고에 넣을 수도 있고 진열장에 넣을 수도 있고 신발장에 넣을 수도 있는데 그 중에 가장 적합한 것, 좋은 것, 바람직한 것, 당연한 것이라고 주어가 생각할 때 should를 사용한다.

예를 들면, 여자 친구와 싸우고 여자 친구가 먼저 일어나서 나갔을 때 따라 가서 잡는 것이 좋은 것인지, 아니면 그냥 앉아 있는 것이 좋은 것인지를 판단해서 사용한다.

should는 shall의 과거일 수도 있고 아닐 수도 있다.

(1) should가 shall의 과거: 당연하다.

When I was a child, I thought that I should be rich in the future. (어릴 때, 나는 생각했다 내가 당연히 부유해지는 것이라고 미래에)

should는 shall의 과거 시제로서 가능성이 매우 높은 추측을 말한다. 가능성이 매우 높은 추측이란 "당연히"를 말한다.

(2) should가 현재 시제에 쓰인 경우

①shall보다 겸손한 표현: "주어는 당연히 ~할 의무가 있다고 저는 조심스럽게 생각합니다" = "~ 해야만 한다고 저는 조심스럽게 생각합니다"의 뜻이다. should를 어겼을 경우는 어떤 벌칙은 없고 의무감도 매우 약하다. 이에 반하여 must는 벌칙이 있고 의무감도 엄청 세다.

You shall obey the rules. (너는 당연히 지켜야만 한다 그 규칙을.) 당연한 shall를 썼다.

You should obey the rules. (당신은 당연히 지켜야한다 그 규칙을

이라고 저는 조심스럽게 생각합니다.) 인간적으로 볼 때 논리적으로나 도덕적으로 당연하다는 뜻이다.

It is natural that you should be rich.

(네가 부자가 되는 것은 당연하다.)

It is natural은 "당연하다"의 뜻이므로 should의 뜻과 같다. 언어의 간결성 원칙에 따라서 같은 뜻을 나타내는 should을 생략한다. should를 생략해도 동사원형은 그대로 가야 한다.

It is natural that you be rich.가 된다. 동사원형을 생략하면 주절의 동사와 시제의 일치가 맞지 않는다. is와 be는 시제의 일치가 맞지 않는다. 따라서 분위기 법이므로 겸손한 표현으로 번역해야 한다.

It is strange that you should not be rich.

(그것은 이상하다, 그것은 네가 당연히 부자가 안 되는 것이다)

If it should snow tomorrow

 (내일 눈이 오지 않는 것이 당연한데 그래도 눈이 온다면")

이 문장 속에도 should의 기본 뜻인 "당연하다"의 의미가 그 안에 숨겨져 있다. 이렇게 문장 속에 역설적인 내용이 들어 있으면
 should를 쓴다.

②권고를 나타낼 때 should를 쓴다.

인생을 살면서 여러 가지 선택을 해야 하는 경우가 많다. 이 경우 어떤 선택이 더 좋은지, 더 옳은지, 그렇게 하는 것이 당연한지를 권고할 때 should를 사용한다.

You should go to school.(너는 옳을 것이다 가는 도착장소는 학교)

인생 살면서 학교를 다니지 않아도 되는 경우가 많지만 여기서 화자는 학교를 다니는 것이 더 옳다고 권고하고 있음을 알 수 있다.

You should study English.(너는 좋을 것이다 공부하는 것이 영어를)

수학 또는 역사를 공부하는 것이 출세에 도움을 줄 수 있지만

그래도 영어를 공부하는 것이 출세에 더 좋을 것이다는 뜻이다.

6) should have + pp: 근데 안 했다

① should have + pp가 현재 시제에 쓰인 경우:

(내가)조심스럽게 생각하건데 **좋았을 것이다** ~하는 것이

(내가)조심스럽게 생각하건데 **옳았을 것이다** ~하는 것이

(내가)조심스럽게 생각하건데 **당연했을 것이다** ~하는 것이

You should have bought the car.

(내가)조심스럽게 생각하건데 당신은 좋았을 것이다 사는 것이
그 차를.

지금 바겐 세일 중에 그 차를 사면 다른 여러 가지 혜택이
많을 것이기에 지금 차를 사면 좋을 것이다 라는 뜻이 있다.

You should 've told me.

(내가) 조심스럽게 생각하건데 너는 당연했을 것이다 말하는 것 내게

② should have + pp가 과거 시제에 쓰인 경우:

should've pp가 과거시제에 사용되면 "내가 조심스럽게 생각하는데"의
표현이 들어가지 않게 된다.

I should have studied English yesterday.

(나는 좋았을 것이다 공부하는 것이 영어를 어제)

If he had had money, he should have bought the food.

(만약 그가 돈이 있었다면, 그는 당연했을 것이다 사는 것
그 음식을)

분위기법에서 과거시제를 나타내려면 if절에 과거완료를
사용해야한다. 원래는 if절에 과거시제만 쓰면 되는데 분위기법에서
실제 과거 사실이 아니라 분위기법상의 분위기를 나타내기 위해서
엉터리 시제인 과거완료를 써서 분위기법이라는 것을 표현하고 있다.

7) may

기본 뜻은 권한을 나타낸다. 권한의 범위 내에서 허락, 가능, 바램을 나타낸다. may가 추측으로 쓰이면 50%정도이다.

may나 must가 과거 일에 대해서는 추측만을 나타낸다.

왜냐하면, 과거의 일을 지금 허락할 수는 없기 때문이다.

이에 반하여 will은 80%이상이다.

(1)허락과 관련된 추측

I may swim in this pool. (나는 아마도 수영할 수 있을 것 같다 그 위치는 이 수영장) 수영장 주인이 권한이 있어서 허락하면

수영할 수 있다.

I can swim.(나는 할 수 있다 수영을)

나는 수영하는 법을 알고 있어서 수영할 수 있다는 뜻이다.

can의 기본 뜻은 "알고 있다"이다. can에는 허락의 뜻이 없다.

I can swim in this pool. (나는 수영할 수 있다 그 위치는 이 수영장)

나는 이 수영장에서 수영을 해도 된다는 것을 알고 있어서

이 수영장에서 수영을 할 수 있다.

You may be right. (너는 아마도 옳을지도 모른다)

It may be true. (그것은 아마도 사실일 수 있다)

I may swim in this pool. (나는 아마도 이 수영장에서 수영할 수 있을 것이다) 허락받았기 때문이다.

You may exit on the right. (너는 오른쪽으로 내려도 된다)

내 권한으로 너는 오른쪽으로 내려도 좋다.

You may come back (너는 다시 와도 된다)

내 권한으로 네가 다시 오는 것을 허락한다.

(2) may not : "~해서는 안 된다" may는 전지전능한 힘의 영역을 말한다. 따라서 전지전능한 힘만큼 강하게 부정하는 것이다.

You may not walk on the grass. (너는 잔디를 밟고 다니면 안 된다)
전지전능한 힘만큼 세므로 가장 비슷한 말은 must not이다.

8) may have + pp :

"아마도 ~했는지 모른다." 또는 "아마도 ~였는지 모른다."

 may가 현재이므로 현재 시제로 번역해야 한다. have + pp이므로 pp만 과거로 먼저 번역한 후 마지막 부분을 현재로 번역한다.

may를 현재 시제로 번역한다는 것은 과거의 일을 지금 추측한다는 뜻이다.

I may have read the book. (나는 아마도 읽었는지 모른다 그 책을)
He may have come yesterday. (그는 아마도 돌아왔을런지 모른다 어제.)

현재 완료(have come)구문에 얼마든지 과거를 나타내는 부사를 쓸 수 있다. 왜냐하면 have + pp에서 pp가 명백한 과거 사실이기 때문에 pp가 발생한 시점과 그 시점을 나타내는 과거부사는 같이 쓰일 수가 있다. 학교시험에서 have+pp문장에 과거 단어가 오면 무조건 시제의 불일치로 틀렸다고 해야 한다.

9) might

might는 may의 과거일 수도 있고 아닐 수도 있다.

(1) might가 may의 과거 : 아마도 ~했다

When I was a child, I thought that he might be ill.
(언제냐하면 내가 상태였다 어린, 나는 생각했다 그가 아마도 아팠다고) 과거에 아팠다고 과거에 내가 생각했다.

(2) might가 현재 시제인 경우 : (내가)조심스럽게 생각해 보건데 아마도 ~일 것이다

He might be ill.
((내가)조심스럽게 생각해 보건데 그는 아마도 아플 것이다.)

10) might have + pp

"과거사실을 현재도 가지고 있을는지 모른다고 나는 조심스럽게 생각한다"

"~을 했는지 모른다고 나는 조심스럽게 생각한다." 는 뜻이 들어 있다. 현재 시제로 쓰인 경우에 이처럼 겸손한 표현이 된다.

①**might have + pp** 가 현재 시제에 쓰인 경우: (내가)조심스럽게 생각해보니 ~했을지 모른다

He might have been rich. (그는 (내가)조심스럽게 생각해보니 과거부터 죽 부자일지도 모른다.) (그는 죽 부자일는지 모른다_➡그는 죽 부자였는지 모르겠다➡모르겠다는

형태상 과거를 나타내는 어미가 들어있지만 그 뜻은 현재시제이다.

② **might have + pp** 가 과거 시제에 쓰인 경우: "~ 했을런지도 모르겠다"

She said that he might have been rich. (그녀는 그가 대과거부터 부자일는지 모른다고

말했다.) 그녀는 그가 전부터 부자였는지 모르겠다고 말했다.

[may, might, may have pp의 정리]

①She **may see** the old man.

(그녀는 아마도 보고 있을 것이다 그 노인을)

②(현재시제) She **might see** the old man.

(내가 조심스럽게 생각하건데 그녀는 아마도 보고 있을 것이다

그 노인을)

③(과거시제) She **might see** the old man.

(그녀는 아마도 보았을 것이다 그 노인을) 단순히 과거의 사실을 나타내며 그 과거의 사실이 현재와 관련이 없다.

형사1: 그녀가 과거에 그 대장(the old man)을 보았을 거야

형사2: 그게 지금 범죄와 무슨 관계가 있냐.

④She **may have seen** the old man.

(그녀는 아마도 보았을는지 모른다 그 노인을) 그 노인을 보았다고 추측하는 시점이 현재 시점이다.

형사가 범죄자에게 물어본다.

형사: 야!,너의 대장(the old man)을 누가 봤어?

범죄자: 그녀가 보았을런지 모르겠어요.

범죄자가 생각하기에 그녀가 과거에 그 노인을 본 것 같다고 말하는 상황이다.

11) can

기본개념: can의 기본 개념은 "알고 있다"이다.

능력이나 자격이 있어서 "~할 수 있다"는 뜻이지만 능력이나 자격이 없어도 "~할 수 있다"라는 자신감을 표현할 수 도 있다. can은 "~할 수 있다" 또는 추측을 나타낸다. 추측을 나타내는 경우에도 반드시 "~할 수 있다고 추측한다"는 뜻이 들어가야 한다.

(1) can+ 동작동사 :~할 수 있다

I can speak English. (나는 말할 수 있다 영어를)

영어를 말하는 법을 알고 있기 때문에 말할 수 있다.

(2) can + 상태동사(be동사 등등): ~일 수 있다

It can be true. (그것은 사실일 수 있다)

"나는 그것이 사실인 것을 **알고 있다.**

그래서 그것이 사실일 수 있다"라고 말할 수 있다.

여기서 "그것"이란 나도 알고 상대방도 아는 것을 말한다.

it의 기본개념은 "나도 알고 너도 아는 것"을 말한다.

It can't be true.(그것은 사실일 수 없다)

"나는 그것이 사실이 아닌 것을 **알고 있다**

그래서 그것이 사실이 아니라"고 말할 수 있다.

12)can have + pp

(1) can have + pp

① can have + 동작동사pp : ~했을 수 있다. can이 현재 시제이므로 현재로 번역한다.

 He can have done such a thing.(그가 했을 수 있다 그런일을.) Can he have done such

 a thing?(그가 그런 일을 했을까?) 결과적으로 그랬을 리가 없다는 뜻이 된다.

② can have + 상태동사pp: ~였을 수 있다. Tom can have been rich. (탐은 부자였을 수 있다)

(2) can not have + pp

① can not have + 동작동사pp: ~했을 리가 없다.

He can't have studied English. (그가 공부했을 리가 없다 영어를.) = It is impossible that he studied English.

② can not have + 상태동사pp: ~였을 리가 없다.

Tom can't have been poor.(탐이 가난했을 리가 없다)

13) could

could는 현재시제이거나 과거시제이다.

(1) could가 현재 시제인 경우: 겸손히 생각해보니 ~할 수 있다.

 앞, 뒤 문맥상 겸손한 표현이나 겸손한 추측을 나타내는 뜻이라고 판정되면 이 때의

could의 시제는 현재가 되면 번역도 겸손한 표현 즉, 분위기법으로 해야 한다.

현재 시제이므로 당연히 현재로 번역을 해야 하며 동시에 겸손한 표현으로 번역해야 한다

I could study English to stay in America. (나는 겸손히 생각해보니 공부할 수 있다 영어를 그 조건은 머무는 것이다 그 위치는 미국)

(2) could가 과거시제인 경우:

When I was young, I could study English. (언제냐하면 내가 상태였다 어린, 공부할 수 있었다 영어를.)

If I was rich, I could buy a car. (만일 내가 상태였다 부자로, 나는 살 수 있었다 차를.)

이 문장이 If I were rich, I could buy a car.이면 이때의 could는 현재 시제로 번역해야 한다. "내가 부자라면, 겸손히 생각해보니 살 수 있다 자동차를

14) could have + pp: 겸손히 생각해보니 ~할 수 있었다

(1)**could have + pp** 가 현재 시제에 쓰인 경우: pp의 뜻에 could의 뜻을 합하면 "~할 수 있었다"가 되고 현재 시제에 쓰였으므로 분위기법이 되므로 분위기법 현재 시제로 번역한다.

 I could have bought the car. (나는 겸손히 생각해보니 살 수 있었다 그 차를)

(2)**could have + pp**가 과거 시제에 쓰인 경우: pp의 뜻에 could의 뜻을 합하면

"~할 수 있었다"가 되는데 과거 시제에 쓰였으므로 분위기법이 아니다. 그냥 과거시제로 번역하면 된다. ➡"~ 할 수 있었다"

If he had had money, he could have bought a car. (만약 그가 있었더라면 돈을, 살 수 있었다 차를.)

15) must: 꼭~해야만 한다, 반드시 ~해야만 한다

화자가 주관적으로 생각하기에 비록 비논리적이고 비도덕적이라고 할 지라도 "꼭 ~해야만 한다"고 주장할 때는 must를 사용한다. 경우의 수가 오직 한 가지 일 때 must를 사용한다. 예를 들어 신발은 당연히 신발장에 넣어야 하지만 꼭 냉장고에 넣어야 하는 경우가 있을 경우에 must를 사용한다. 과거도 must이다.

I must study English. (나는 꼭 공부해야만 한다 영어를 .)

(comparison) have to do(=have got to)는 객관적 사실을 나타낸다.

I have to study hard.(나는 해야만 한다 공부를 열심히) 뭔지는 모르지만 객관적으로 열심히 공부를 해야만 한다는 뜻이다. 조동사는 기본적으로 감정이나 분위기를 나타낸다.

이에 반하여 조동사 이외의 시제는 객관적 사실을 나타내므로 have to do는 객관적인 뜻을 나타냄을 알 수 있다. 객관적으로 내가 열심히 공부를 하지 않으면 안 된다는 뜻이다. 내가 열심히 공부 안 하면 아마도 회사의 승진에서 떨어질 수도 있을 것이다. 객관적으로 말이다.

(정리)"~해야만 한다" 한글을 영작할 경우 객관적으로 "~해야만 한다"고 할 경우는 have to do를 쓰고 주관적으로 "~해야만 한다"면 should나 must 를 써야 한다. should는 논리적으로나 도적적으로 당연할 때 사용하고 must는 비록 비논리적이고 비 도덕적이라고 할 지라도 꼭 ~해야만 한다고 할 때는 must를 사용한다. 특히, 신의 뜻으로 "~해야만 한다"고 할 경우는 shall을 써야 한다.

Man must die. (사람은 반드시 죽는다) (comparison)

Man should die. (사람은 당연히 죽는다)

16) must have + pp

"틀림없이 ~했다"

pp의 뜻에 must의 뜻을 합하면 "틀림없이 ~했다 되고 현재 시제에 쓰였으므로분위기법이 되므로 분위기법 It must have rained yesterday. **(어제 비가 왔음이 틀림없다.)**

17) ought to do: "당연히 ~ 해야만 한다고 나는 조심스럽게 생각한다."

ought to do는 "빚지다"가 어원이다. 누군가에게 빚져 있다면 당연히 갚아야 한다. 신세나 은혜를 빚졌을 경우 당연히 이를 갚아야 한다는 뜻은 ought to do가 되어야 한다. "당연히 ~ 해야만 한다고 나는 조심스럽게 생각한다."

You ought to study hard. "너는 공부를 열심히 해야 한다." 공부를 열심히 해야만 하는 이유는 부모께 은혜를 받아서 그 은혜를 갚아야 하기 때문이다. 흔히 말하는 should나 must와 같은 뜻이 아니라 그 의미하는 바가 전혀 다른 단어이다. ought to do는 현재 시제에 쓰이며 과거 형태를 띠고 있으므로 겸손한 표현이 된다. ought는 owe(빚지다)의 과거형이다.

19) ought to have + pp

(1) ought to have + pp 가 현재 시제에 쓰인 경우:

"당연히 ~했어야만 했다고 나는 조심스럽게 생각한다. **"당연히 ~했어야만 했다"**

(2) ought to have + pp 가 과거 시제에 쓰인 경우: **"당연히 ~했어야만 했었다"**

You ought to have come here yesterday. (너는 어제 여기 당연히 왔어야만 했다.)

20) used to do

과거에 습관적으로 하던 것을 현재에는 더 이상 하지 않는다.

"예전에 ~하곤 했다."

I used to swim while I was young. (나는 예전에 수영하곤 했다 그 때의 상태는 어린)

한글처럼 이해되는 영어 문법

초판 1쇄 발행 2024년 1월 17일
지은이_ 박성진
메일_ unifiedkoreapresident@gmail.com

펴낸이_ 김동명
펴낸곳_ 도서출판 창조와 지식
디자인_ 박성진
인쇄처_ (주)북모아

출판등록번호_ 제2018-000027호
주소_ 서울특별시 강북구 덕릉로 144
전화_ 1644-1814
팩스_ 02-2275-8577
ISBN 979-11-6003-689-3 (53740)
정가 33,000원